Auxiliando a humanidade a encontrar a Verdade

Os Protótipos Humanos

Humanos

O fenômeno antropológico e a
verticalização da consciência

© 2013 — Dalmo Duque dos Santos

Os Protótipos Humanos
O fenômeno antropológico e a verticalização da consciência
Dalmo Duque dos Santos

Todos os direitos desta edição reservados à
CONHECIMENTO EDITORIAL LTDA.
Rua Prof. Paulo Chaves, 276 - Vila Teixeira Marques CEP 13480-970 — Limeira — SP
Fone/Fax: 19 3451-5440
www.edconhecimento.com.br
vendas@edconhecimento.com.br

Nos termos da lei que resguarda os direitos autorais, é proibida a reprodução total ou parcial, de qualquer forma ou por qualquer meio — eletrônico ou mecânico, inclusive por processos xerográficos, de fotocópia e de gravação —, sem permissão, por escrito, do editor.

Revisão: Sueli Cardoso de Araújo
Projeto Gráfico: Sérgio Carvalho
Ilustração da Capa: Carlos Alberto Araújo Filho
A Trindade (tríptico - figura central) 2001, 80x60 cm, óleo sobre tela colada em madeira. Editado em: *Bíblia Citações* (p.p. 558 e 559) e *ARAUJO - Pinturas do Antigo e Novo Testamento* (p.p. 556 e 557).

ISBN 978-85-7618-305-1 — 1ª Edição - 2013
• Impresso no Brasil • Presita en Brazilo

Editado conforme o Novo Acordo
Ortográfico da Língua Portuguesa

Produzido no departamento gráfico da
EDITORA DO CONHECIMENTO
Fone: 19 3451-5440
e-mail: conhecimento@edconhecimento.com.br

Dados Internacionais de Catalogação na Publicação (CIP)
(Angélica Ilacqua CRB-8/7057, SP, Brasil)

Santos, Dalmo Duque dos
Os Protótipos Humanos: o fenômeno antropológico e a verticalização da consciência / Dalmo Duque dos Santos — Limeira, SP : Editora do Conhecimento, 2013

ISBN 978-85-7618-305-1

1. Desenvolvimento da consciência 2. Consciência 3. Autopercepção I. Título.

13-0806   CDD – 153-7

Índices para catálogo sistemático:
1. Consciência - autopercepção

Dalmo Duque dos Santos

Os Protótipos Humanos

O fenômeno antropológico e a verticalização da consciência

1ª edição
2013

Sumário

A trajetória e construção deste livro 7

Introdução – Visões de Mundo 9

A utopia e o futuro 14

O sujeito e o cidadão 26

Uma nova inteligência 32

O ser e o tempo 49

O ser e a consciência 70

O ser e o destino 75

A consciência e a verdade 85

A vida e as existências 89

Os protótipos históricos 100

O primeiro ser — O homem biológico da Pré-História 105

O segundo ser — O homem teológico da Antiguidade 108

O terceiro ser — O homem racional greco-romano 113

O quarto ser — O homem metafísico da Renascença 127

O quinto ser — O homem positivo na Era Científica 134

O sexto ser — O homem psicológico da Era Informacional 142

O sétimo ser — O homem integral 155

A trajetória e construção deste livro

Uma descrição antropológica feita por J. Herculano Pires num artigo da revista *Planeta* em 1973 mostrando Chico Xavier como um autêntico exemplar do "Homem Psi" deu origem a esse livro. Primeiramente como uma palestra que, a partir de 2001, passamos a ministrar em diversos centros espíritas de São Paulo e da Baixada Santista. Era preciso incluir mais informações na medida que surgiam dúvidas e novas reflexões

Encontramos nos textos de Huberto Rohden, especialmente um que falava sobre o sentido da verticalização da coluna vertebral humana. Como poderia ignorar as influência que recebemos de Kardec (*A Gênese*), Emmanuel (*À Caminho da Luz*) e Edgard Armond (*Os Exilados de Capela*) sobre as raças e etnias que antecederam a humanidade atual?

Todas essas ideias se encaixaram perfeitamente ao nosso trabalho.

Em 2006 transformamos a palestra curta e instigante num seminário de 16 horas (O Sétimo Homem), que passou a funcionar como atividade cultural de outros grupos humanitários. Novas dúvidas seguidas de reflexões. Nessa fase ligamos essa antiga antropologia mística, esotérica e simbólica da tradição pitagórica com a psicologia humanista de Carl Rogers – *Tornar--se Pessoa* (1961). Incluímos também o profético texto *Homem do Futuro*, escrito por Rogers no auge da crise da civilização ocidental no final dos anos 70. Mais tarde faríamos o mesmo com relação às novas teorias da inteligência, de Gardner e Go-

7

leman, desencadeadas nos anos 1990.

Estava fechado o círculo de buscas e concluída a nossa "tese" dos modelos antropológicos e seus paradigmas de comportamento.

Agora, finalmente, desse percurso de dez anos de discussões teóricas e exercícios vivenciais, surge uma síntese escrita e o formato em livro com o título de *Os Protótipos Humanos*.

O autor

Introdução – Visões de Mundo

Educação não é assunto exclusivo de cursos de formação de professores, mas tema essencial em qualquer setor profissional. Na era do conhecimento, todo o sistema produtivo tem como base o conceito de "aprendizagem ao longo da vida" (*lifelong learning*), no qual a atualização tecnológica permanente é fundamental para combater a realidade pós-moderna da obsolescência das informações.

Portanto, educação – formal e corporativa – é requisito primordial na formação e no aperfeiçoamento das atividades humanas.

Assim, neste primeiro contato, propomos uma reflexão sobre o antigo dogma filosófico de que "educação é adaptação", fundamentado na ideia da experiência humana em constante luta entre o determinismo biológico-social e a possibilidade de decisões e escolhas. Até brincamos com os religiosos, afirmando que, geralmente, a resposta dada por Deus a todas as nossas orações é simples, didática e bem objetiva: "Adapte-se!"

A relação entre a humanidade e o planeta Terra sempre foi objeto de reflexão e questionamento. Isso pode ser comprovado por meio das chamadas "cosmogonias", isto é, as diferentes visões de mundo que a humanidade desenvolveu ao longo da história.

A concepção plana[1] e horizontal da pré-história, produto

---

[1] PLANA: visão única e plana da vida planetária, reflexo do nomadismo e da mentalidade tosca e do interesse meramente biológico da sobrevivência humana no ambiente hostil da pré-história. A busca do tempo futuro estava limitada por incursões nômades cujo horizonte almejado era o conforto físico da alimentação e do abrigo provisório das cavernas.

do nomadismo, desenvolveu em nós a busca pelo horizonte, tanto na dimensão existencial do corpo como na dimensão psicológica, na qual despertamos para a nossa individualidade.

Com o advento da agricultura e do sedentarismo, surge a concepção geocêntrica[2] dos povos antigos, que viam a Terra como uma coisa única, plana, pedra bruta a ser lapidada pela conquista do espaço horizontal. Nos tempos modernos, por influência da astronomia e da física, surge a concepção heliossistêmica.[3] A Terra passa a ser vista na perspectiva da esfericidade plural do sistema solar, despertando expectativas científicas, reações dogmáticas e novas ações políticas de expansão territorial.

Essa concepção avança ainda mais para uma visão plurissistêmica,[4] à medida que a ciência amplia suas descobertas sobre a pluralidade de mundos.

Por influência da era científica contemporânea, surge a teoria da complexidade[5], visão revolucionária que abandona as concepções plana, centralista e sistêmica para ampliar as perspectivas e expectativas humanas sobre o tempo futuro. Tal abordagem mostra a pluralidade e a diversidade do universo e o planeta como um ponto quase insignificante entre bilhões de astros e galáxias. Porém, desperta a ideia ecológica de que a Terra é um organismo vivo, dinâmico, cujos ciclos de transformação endógena e exógena estão estreitamente ligados aos processos mentais das civilizações.

A cosmocomplexidade gera, então, a visão e a ação da sustentabilidade, resistindo aos intensos processos de destruição e risco de extinção planetária.

Esta é a síntese das grandes concepções do universo que promoveram as mais significativas mudanças no conhecimento,

2 GEOCÊNTRICA: reflexo da revolução agrícola e do sedentarismo, foi desenvolvida durante a Antiguidade pelas civilizações territorialistas e também da cultura mítica e dogmática como forma de controle social.
3 HELIOSSISTÊMICA: visão mais ampla da vida planetária, da esfericidade para a pluralidade do sistema solar, efeito da popularização da astronomia e das liberdades do capitalismo nascente.
4 PLURISSISTÊMICA: visão mais ampliada pelas concepções da física de Copérnico e Newton, revelando a diversidade de sistemas solares e galáxias.
5 COMPLEXIDADE: visão revolucionária do universo em constante expansão (buracos negros), da física mecanicista newtoniana (que via o universo como uma máquina e sua previsibilidade) para a física quântica da relatividade e das incertezas, onde o universo é complexo, isto é, diverso, plural e incerto.

na mente e na experiência humana. Com elas, a relação da humanidade com o planeta Terra transformou-se da perspectiva predatória da exploração produtiva para a preservação e exploração sustentável.

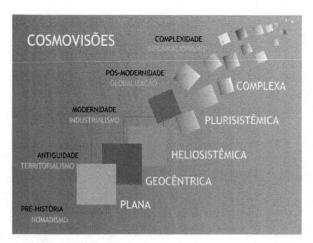

Em que mundo vivemos?
Como são as diferentes visões de mundo e quais as suas tendências?
Como se comporta a sociedade atual e como ela comunica suas necessidades?
A visão de mundo que ora se estabelece gradualmente é produto de uma longa trajetória marcada por uma sucessão de paradigmas. Iniciamos essa trajetória com a experiência do ser biológico da pré-história e hoje atingimos a condição de um protótipo antropológico que poderíamos chamar de ser psicológico.
Carl Rogers descreve o ser biológico da pré-história como um indivíduo totalmente fechado em si mesmo, incapaz de se autoquestionar. Já o ser psicológico, ele considera uma pessoa plena, capaz de ir direto ao ponto em momentos de crise existencial: "Qual é o ponto essencial para a minha mudança?"
Na relação consigo mesmo, o homem rompe os limites biológicos e penetra na complexidade mental e psicológica.
Avançamos na discussão demonstrando o impacto que cada uma dessas concepções produziu na experiência humana,

formando paradigmas e influenciando inúmeras outras concepções e comportamentos nas sociedades. Em todas as épocas, a educação exerceu papel fundamental na compreensão, explicação e adaptação das pessoas a novos modelos, ideologias e sistemas produtivos.

Dizemos sempre a nossos alunos que não percam o sentido essencial do curso, que o nosso objeto de interesse e pesquisa é sempre o "ser humano, seu interno, externo e seu entorno" e os rituais de passagem do universo pessoal para o mundo social. Pesquisamos, também, os ambientes onde ocorrem essas passagens socializadoras: a família, a escola, o trabalho, bem como todas as suas variações no jogo existencial entre adaptação e fracasso.

Educação e Tecnologia

Constam, também, em nossa concepção educativa, as principais polaridades cósmicas e dualidades do universo educacional, reflexo do caráter dialético da vivência humana: o físico e o metafísico; o espírito e a matéria; o objetivo e o subjetivo; o concreto e o abstrato; o lógico e o psicológico; a biologia e a psicologia; o cérebro e a mente; o determinismo e o livre-arbítrio; o horizontal e o vertical; a pedagogia e a andragogia; o ensino e a educação; a arte e a técnica; as habilidades e as competências. Muitas outras visões harmônicas e conflituosas surgem naturalmente de comparações teóricas, debates filosóficos e disputas ideológicas.

Quando se estabelecem todas as condições propícias ao estudo e à reflexão, voltamos ao ponto inicial de nossa investigação: o fenômeno humano, seu advento, sua natureza, sua manifestação; seu passado, seu presente e seu futuro: "Quem somos? De onde viemos? Para onde vamos?"

Esse questionamento clássico tem como virtude a necessidade de uma explicação da relação entre o ser e o conhecimento. Marca essencial da experiência humana, o conhecimento é mostrado como uma busca natural, o preenchimento de um vazio existencial constante e permanente cujo limite é a morte, ou então as especulações sobre a pós-existência. Como interrogação interna, o conhecimento é o hábito de decifrar os enigmas da mente e da personalidade; como curiosidade externa, é a interpretação dos fenômenos da natureza e do universo. Juntas, tais interrogações se apresentam como busca de satisfação a necessidades humanas fundamentais (sexo, afeto, alimentação, aceitação etc.) e solução para as limitações físicas do corpo em forma de tecnologia.

Aliás, tecnologia é pura extensão material dos limites do corpo. Tudo que o homem inventa como técnica é reflexo das partes internas e externas do corpo: dos olhos, das mãos, das pernas, dos dentes, dos ossos, da carne, da pele, enfim, dos sistemas e aparelhos orgânicos. Produto da necessidade e da inteligência, a tecnologia é, em seu aspecto mais amplo, o principal objeto da educação e do ensino. Se a escola prepara o aluno para a vida social, a tecnologia é o meio pelo qual ele se apropria dessa capacidade; é o caminho mais curto e prático entre a habilidade e a competência. Contar a história da tecnologia é contar a história do homem e seu esforço para conhecer o planeta, o universo e a si mesmo. Essa história é a própria filosofia da educação. A partir dessa filosofia e dessa história passamos a dialogar com as outras ciências e suas respectivas tecnologias, que podem fornecer respostas e gerar muitas outras perguntas para todas as questões relacionadas à educação: geografia, biologia, economia, sociologia, antropologia, psicologia, astronomia, química, física, matemática, artes etc.

Existem diferenças e semelhanças essenciais entre crianças e adultos? Tais semelhanças e diferenças exigem tratamentos e abordagens diferenciadas nos respectivos processos de ensino-aprendizagem?

A pedagogia é uma abordagem exclusiva para as crianças?

A andragogia é um processo de aprendizagem específico para adultos?

A utopia e o futuro

Utopia significa sonho humano de um mundo melhor, busca de um lugar perfeito onde reina a felicidade. É a idealização e a projeção do tempo futuro, faculdade mental da qual só os seres humanos são dotados. Para as pessoas práticas e objetivas, utopia é sonho, imaginação. Para as pessoas criativas e subjetivas, utopia é plano, projeto, possibilidade. Na experiência de pessoas que combinam estas duas características mentais – praticidade e criatividade –, utopia se torna realização, empreendimento.

Quando idealizamos algo para o futuro, é sinal de que não estamos satisfeitos com o presente nem temos boas referências do passado. Nosso relacionamento com o mundo, em todas as fases evolutivas, sempre foi conflituoso, contraditório, crítico e reflexivo, efeito de dificuldades biológicas e psicológicas, inquietações, medos, angústias, dúvidas e incertezas. Impossibilitados de romper esses limites, barreiras, para nós, instransponíveis, apelamos para a adaptação, mecanismo maravilhoso da mente humana que nos faz suportar as mais terríveis provas do tempo presente e ainda nos projeta para as inúmeras possibilidades do tempo futuro.

No âmago do ser humano existe um princípio inteligente, uma chama que vibra como marca microcósmica do universo. Na mente humana, essa chama se manifesta como um enorme vazio existencial, acomodado no plano biológico, porém insaciável no plano psicológico. Em nosso íntimo, esse vazio pulsa na forma de uma insatisfação permanente, como se fosse um compromisso eterno com a nossa transformação. É a utopia da Perfeição, a busca do modelo ideal e infalível que enxergamos no futuro humano ou então nas idealizações pós-humanas e metafísicas. Essa é a utopia do Sétimo Homem.

Em todas as épocas, construímos ou aderimos a utopias que despertaram em nós interesse por uma vida diferente, promissora, contrária aos problemas das sociedades em que nos agrupamos e às limitações próprias do meio em que nascemos e nos desenvolvemos.

Na pré-história, desenvolvemos a utopia da caverna permanente, refúgio ideal para proteção do corpo, para saciar a fome, para nos aquecer no frio e nos abrigar dos perigos da vida selvagem e da hostilidade da natureza, que, naquela época, nos parecia caótica. As cavernas se sucediam umas às outras porque a necessidade de sobrevivência, limitada pela inteligência primitiva e visão estreita de mundo, nos impelia ao nomadismo, em uma caminhada interminável de incerteza, em busca de uma caverna definitiva, da qual não seríamos mais expulsos. Com o advento da agricultura e do fogo, a utopia da caverna se ampliou para a busca de uma terra, símbolo milenar espacial da riqueza alimentar e da realização social.

Nas primeiras civilizações das culturas teológicas, sobretudo no Egito, surgiu a utopia do tempo eterno e da imortalidade, reflexo do horror que tínhamos da morte do corpo e do fim da existência. As pirâmides de Gizé, símbolos exteriores dessa imortalidade, eram, na realidade esotérica, a metáfora da mente, cujas câmaras do tempo passado, presente e futuro guardam os mais profundos sonhos de realização. O culto aos mortos, as cerimônias funerárias, os túmulos monumentais representam, psicologicamente, a busca de respostas aos enigmas da morte. Ainda não aprendemos a driblar fisicamente a morte, mas desenvolvemos experiências psicológicas para aceitar os limites físicos e crer na possibilidade da existência de mundos metafísicos.

Foi nesse longo período da Antiguidade que, inspirado no espantoso avanço mental dos egípcios, Moisés acreditou na utopia de Canaã, a terra prometida – atravessou o deserto da incerteza e conduziu seu povo para o caminho da lei e da fidelidade

Os Protótipos Humanos   15

ao Deus Único. Essa utopia tinha como fundamento o Decálogo, dez princípios do mundo moral perfeito da cultura judaica.

Na Índia, decepcionado pelo choque dos extremos de luxo e miséria, o jovem príncipe Gautama Sidarta, o Buddha, construiu a utopia do Nirvana, o supremo estado de consciência, cujo acesso seria possível pelos nove degraus da meditação e do controle do desejo. Esvaziar a mente, fugir da ilusão e entregar-se ao poder da vontade era o caminho para o mundo feliz, sem dores e decepções.

Na mesma Índia, Krishna, o sábio autor dos *Vedas*, já havia cantado nesses célebres poemas a epopeia da Criação Divina e do tempo interminável.

Na Pérsia, Zoroastro elaborou a utopia do Zend-Avesta, o paraíso que foi construído após longa batalha entre o Bem e o Mal, lugar reservado a justos e escolhidos.

Os filósofos Lao-tsé e Confúcio, na China, criaram a utopia da Honestidade e da Paciência, poderosos sustentáculos da civilização indestrutível.

Na Grécia antiga, reduto de inúmeros filósofos e estadistas, onde imperavam a razão e o pragmatismo e Deus se chamava Logos Spermatikós, Sócrates desafiou o sistema e a morte falando da Pneuma, ou a possibilidade da Alma e do Mundo das Ideias, e Platão, seu discípulo mais querido, escreveu, na *República*, a utopia do Estado perfeito, a pólis ideal, sem os problemas da tirania e das guerras. Antes do advento da razão, o mito grego projetava nos deuses e heróis a figura do ser humano ideal, habitante do Olimpo.

Em Roma, provavelmente pela primeira vez, aparece a utopia de um Estado mundial. O domínio do mundo, motivado pelo paradigma de força e honra, foi idealizado, primeiramente, no Marenostrum, o espaço geográfico conhecido e desejado na época de Cartago, e, posteriormente, na política da *Pax* Romana (paz romana), e representado na figura do Imperium, simbolizado politicamente por César. O Estado mundial romano só não foi viabilizado por causa das limitações tecnológicas da época e pelas contradições inevitáveis do sistema militar-escravista. Para contrapor essa pretensão do supremo poder material, surge no próprio seio da dominação romana, de forma desconcer-

16 Dalmo Duque dos Santos

tante, a utopia da igualdade e do amor ao próximo, idealizada pelo Cristianismo. Nela, um simples rabino judeu, filho de carpinteiro, propunha a conquista do Reino de Deus, onde o braço poderoso de César jamais alcançaria. Esse reino não era deste mundo e recomendava o sacrifício da própria vida, caso a ideia da imortalidade fosse colocada em xeque. Os martírios, projetados para lavrar a crueldade do materialismo romano, tiveram efeito contrário na mente dos expectadores dos famosos circos. O ataque dos leões e as chamas que fulminavam os corpos despertavam na mente popular o remorso, a atração e a simpatia pelo Evangelho, a notícia de que o Mestre Galileu havia ressurgido e que aqueles que acreditassem em suas palavras jamais encontrariam a morte. Roma sucumbiu.

Na Idade Média, no universo do feudalismo, ganha força a utopia do Céu contra a instabilidade dos bárbaros e a opressão do senhorio, o terror das pestes e epidemias, bem como as superstições tenebrosas do fim do mundo, do inferno e do reino de Satanás. Santo Agostinho descreve esse lugar como a Cidade de Deus, ideia que também fascina o monge Tommaso Campanella. Na Península Arábica, o profeta Mohamed unifica o seu povo por meio da utopia do Islã, um Estado teocrático e expansionista.

Na Renascença, as utopias se multiplicam pela tecnologia do texto plano de Gutenberg e pelo livro em formato *octavo* criado pelo editor italiano Aldo Manúzio. Essa tecnologia duraria 500 anos e só seria desafiada pelo texto digital dos computadores. Os sonhos se propagam em formato literário impresso nas letras geniais de Thomas Morus, de pintores e arquitetos italianos e holandeses. Em pleno capitalismo mercantil, no auge da era das navegações e descobrimentos, a utopia se volta para o Novo Mundo. Nos séculos XVII e XVIII, na Inglaterra e na França, ao criticar os desequilíbrios da sociedade de estamentos e o Estado Absolutista, os filósofos iluministas criam a utopia da Razão.

No século XIX, por efeito dos desequilíbrios da Revolução Industrial, surge a utopia socialista de igualdade e harmonia nas famosas colônias e falanstérios. Em pleno século XX, o nazifascismo reviveu a antiga utopia espartana da eugenia através de regimes totalitários cruéis e belicistas.

No mundo contemporâneo, depois da intensa onda de des-

Os Protótipos Humanos 17

truição ambiental e aniquilamento humano das duas guerras mundiais, volta à tona a utopia da Paz e da Harmonia, antigos sonhos que voltam a povoar a mente humana, ainda inquieta e em busca de sua caverna permanente. São sonhos alimentados pela atuação pacifista do Mahatma Gandhi, com a utopia da Não Violência; do pastor Martin Luther King e Nelson Mandela, pela igualdade racial; pela utopia da contracultura dos jovens *hippies* do mundo inteiro, dos inúmeros conspiradores da era de Aquário e milhões de militantes do Verde e da Ecologia. A caverna não é mais um lugar físico, mas a ânsia pela perfeição é a mesma, agora rumo aos ilimitados confins da consciência. É a utopia do Homem do Futuro.

Como Será o Século XXI

O antigo paradigma mecanicista e industrial era regido pelo sentido horário do relógio (tempo biológico e absoluto); já o paradigma pós-industrial é regido pela bússola (tempo psicológico e relativo). As novas equações, cada vez menos lógicas e mais psicológicas, exigem novas posturas e atitudes de compreensão e flexibilidade.

O século XIX foi marcado pela explosão de movimentos de busca de felicidade, como reflexo dos desequilíbrios causados pela Revolução Industrial. No século XX, tais ideologias e utopias tomaram formas esdrúxulas: sistemas políticos totalitários, guerras monstruosas, aniquilamento humano e ambiental. O próprio planeta foi colocado em risco diante da ameaça de uma hecatombe nuclear. Morte, servidão industrial, massificação, miséria, individualismo, narcisismo foram as principais marcas desse século tão promissor e, ao mesmo tempo, tão sombrio. Durante 100 anos, estivemos mergulhados na ambição e no medo, na extravagância e na fome, nas multidões e na solidão, nas fantasias e na depressão; ora iludidos pela fama de 15 minutos, ora derrotados pela desilusão das coisas efêmeras. Nunca se registrou tamanha situação de caos na experiência humana, uma crise sem precedentes; nunca se consumiu tantas drogas e alucinógenos para facilitar a fuga da realidade. A expansão da criminalidade e o aumento da população carcerária atingiram níveis assustadores. Foi também no século XX, em plena crise, que surgiram os germes de outra forma de vida. Da própria ciência decadente emergem novos paradigmas de observação da realidade; das instituições impotentes e desmoralizadas brotam novas perspectivas para a civilização. A geração que começa a nascer no planeta demonstra um comportamento diferente do de seus antepassados. É a emergência da pessoa, antes sufocada pelo coletivismo da cultura de massas. Marilyn Ferguson definiu esse curioso fenômeno como uma "conspiração"[1]. Esse novo ser humano se recusa a ser tratado como peça de consumo ou mero dado estatístico. São eles focos de uma transformação silenciosa, sem alarde, que se intercomunicam pela afinidade de sentimentos. "Conspiram" porque "respiram" juntos o mesmo ar, os mesmos anseios. São portadores de uma revolução invertida, de dentro para fora, e, por isso, permanecem em silêncio, aguardando o momento certo para atuar. Não poderiam comprometer a nova ordem das coisas. Muitos deles já entraram em cena e desempenharam complicados papéis de mudança; papéis de destaque ou anônimos, como suportes ou pontas de lança, mas todos comprometidos com as transformações. São pessoas diferentes e que continuam a nascer todos os dias. Segundo Carl Rogers, eles terão uma infância atormentada, sofrerão as adversidades de um ambiente estranho e hostil, mas conseguirão sobreviver. Irão crescer, instruir-se para exercer as mais diversas profissões, geralmente ligadas ao processo de mudança: na educação, nas artes, nos laboratórios, no ativismo social. Serão autênticos agentes da regeneração planetária e, por isso, ocuparão novos espaços e saberão explorar o novo tempo. É claro que também estão nascendo seres iguais ou piores aos do século XX, mas já são em menor número e, brevemente, serão impedidos de agir negativamente, pois serão vistos claramente como medíocres ou aberrações de passado inaceitável.

O momento atual é de luta entre o velho e o novo, entre o vício e a virtude; de intensas contradições; é muito delicado e

---

1 FERGUSON, Marilyn. *A conspiração aquariana*. Rio de Janeiro: Record, 1980.

exige paciência e confiança no futuro; é uma longa fase de transição que deve ser vivida com coragem, aceitação e até sacrifício, como necessidade natural do processo de transformação.

Alvin Toffler, o célebre autor de *A Terceira Onda*, previu, nos anos de 1980, que, no século XXI, os empregos iriam desaparecer gradualmente e que os postos de trabalho seriam substituídos pela busca de clientes, ou seja, uma nova cultura do trabalho empreendedor. Hoje, Toffler vai além de sua acertada profecia sobre o crescimento do terceiro setor (terceirização dos serviços) e recuo das formas primitivas e mecanizadas de trabalho (agricultura e indústria). Ele fala da figura do "prossumer", uma mistura de consumidor e produtor de suas próprias necessidades, um indivíduo portador de uma nova mentalidade e também de uma habilidade que lhe permite ser cada vez mais independente dos meios monopolizadores do conhecimento e da tecnologia. É o trabalhador típico da Terceira Onda, adaptado ao mundo da complexidade e da incerteza. Não faz planos para um futuro muito distante, mas para as próximas semanas, na mesma velocidade dos mercados que exigem técnica, criatividade e ética sustentável. É um novo ser, crítico e politizado, formador de opinião, vivendo em um mundo totalmente novo, em uma economia imprevisível e polidinâmica, em uma sociedade diversa e plural, enfim, o século XXI, o terceiro milênio.

Neste início de um novo século e de um novo milênio, as instituições que trabalham pela qualidade de vida no planeta e pelo desenvolvimento da humanidade já demonstram vivo interesse em dar novos rumos ao conhecimento e à melhoria da experiência humana.

A Organização das Nações Unidas para a Educação, a Ciência e a Cultura (UNESCO), por exemplo, elaborou um vasto estudo[2] sobre as necessidades a serem preenchidas nesse setor, com o objetivo de preparar a humanidade para os novos paradigmas sociais deste milênio. Elaborado por especialistas em educação de diferentes países e coordenados por Jacques Delors, o documento elegeu como ponto fundamental os "Quatro Pilares da Educação" para o futuro, em que o essencial não é

2 DELORS, Jacques. *Educação*: um tesouro a descobrir. Relatório para a UNESCO da Comissão Internacional sobre a educação para o século XXI. 5. ed. São Paulo: Cortez; Brasília, DF: MEC: UNESCO, 2001.

somente aprender, mas aprender a aprender: ·
Aprender a Conhecer – capacidade de busca e seleção de informações.
Aprender a Fazer – autonomia na transposição da teoria para a prática.
Aprender a Conviver – afirmação individual na coletividade e reciprocidade social; compreensão da pluralidade e diversidade cultural humana.
Aprender a Ser – autorrealização existencial, base de todas as realizações humanas.

Nesses quatro verbos dinâmicos estão contidas e sintetizadas as experiências essenciais da vivência humana, incluindo as inteligências múltiplas, saberes necessários ao novo paradigma do conhecimento. Neles visualizamos não só os conteúdos teóricos racionais e exteriores, mas também a valorização das experiências emocionais, fortemente responsáveis pela plenitude existencial de nossa espécie. Em uma ordem evolutiva de transformação da pessoa – de dentro para fora e de fora para dentro –, eles contemplam, portanto, não só as habilidades cognitivas, mas também as competências que influenciam o ser humano a tomar as mais importantes decisões. Mostram, ainda, pela interação, as múltiplas faces e possibilidades do ser:

Ser físico: de dimensão e complexidade biológica.
Ser inteligente: de dimensão mental e complexidade psicológica.
Ser emotivo: de sensibilidade e expressividade sentimental.
Ser social: de relações e afinidades interpessoais.
Ser livre: de ir e vir, de agir e decidir.
Ser estético: que se alimenta de imagens e autoimagens.
Ser volitivo: que se move pela vontade de autossuperação.
Ser histórico e planetário: do seu tempo e do seu ambiente.
Ser cósmico: de condição e consciência metaplanetária.
Ser espiritual: de origem e condição metafísica.
Ser moral: de natureza ética, de dinâmica evolutiva e positiva.

Nessa linha de novas descobertas sobre a natureza humana e de propostas renovadoras, Bernardo Toro desenvolveu "Os Códigos da Modernidade", que são os saberes necessários para compreender e conviver na sociedade contemporânea. Basean-

Os Protótipos Humanos 21

do-se em experiências desafiadoras de ensino e educação em escolas públicas e comunidades carentes, o filósofo e pesquisador colombiano identificou as principais ferramentas para interpretação e experimentação dessa nova ordem mundial: velocidade tecnológica, diversidade social, incerteza e instabilidade de paradigmas, incongruência entre o efêmero e as permanências, multiculturalismo e fragmentação da realidade.

Para Bernardo Toro, são estas as capacidades e competências mínimas para participação produtiva no século XXI: Domínio da leitura e da escrita.

Capacidade de fazer cálculos e resolver problemas.

Capacidade de analisar, sintetizar e interpretar dados, fatos e situações.

Capacidade de compreender e atuar em seu entorno social.

Receber criticamente os meios de comunicação.

Capacidade de localizar, acessar e usar melhor a informação acumulada.

Capacidade de planejar, trabalhar e decidir em grupo.

As Contracorrentes de Resistência

Afinadas com tais propostas, encontramos as ideias do sociólogo, filósofo e antropólogo francês Edgar Morin, cuja análise histórica da passagem do milênio identificou as três principais forças negativas predominantes no século XX: aniquilamento, irracionalismo e servidão industrial. Ele identificou, também, as contracorrentes[3] que lutam pelo estabelecimento de uma nova ordem mundial, mais harmônica e humanista. Rompendo com a cultura industrial do progressismo, que via o planeta como pedra bruta a ser lapidada pela livre exploração predatória e degeneradora, aos poucos foi surgindo uma nova mentalidade e insurgindo movimentos sociais de regeneração planetária. Esse novo paradigma, que vê a Terra como um organismo vivo (*anima mundi*), não somente percebe o homem como parte de um grande ecossistema, mas também como o maior perigo à

---

3 MORIN, Edgar. *Os sete saberes necessários à educação do futuro*. São Paulo: Cortez; Brasília, DF: UNESCO, 2000.

sua conservação e continuidade como forma de vida. Homem e natureza não podem mais viver divorciados por causa da tecnologia e da satisfação insaciável de necessidades artificiais, bastante supérfluas em relação ao tempo do nomadismo. A vida sedentária não pode mais ser a principal causa da extinção dos recursos naturais e da própria existência humana.

Essa revolução de costumes foi desencadeada por diversos acontecimentos, que evidenciaram a situação de risco e incerteza quanto ao futuro do planeta e da humanidade. Em 1960, o casal britânico Joy e George Adamson, proprietários de uma leoa domesticada, resolveu quebrar o modelo dominante de relação entre seres humanos e animais selvagens, devolvendo seu bicho de estimação para viver nas savanas do Quênia.

A atitude do casal não era uma simples decisão de abandono, mas uma complicada ação que envolvia aspectos sociais, científicos e morais. Era necessário fazer com que Elsa aprendesse a caçar e sobreviver em um ambiente hostil da qual ela havia sido retirada nos primeiros dias de vida. O casal teve de se mudar para a África e participar diretamente do processo de reeducação da leoa e deles mesmos, pois Elsa não era um simples bicho de estimação – ela se tornara um ser especial na vida deles.

Após meses de intensos esforços e críticas de muitos que não acreditavam nessa atitude, vieram os primeiros resultados. Elsa conseguiu matar uma presa, formou uma família, teve filhotes e, para surpresa de todos, a leoa caminhou quilômetros para mostrar os filhotes aos seus ex-donos. O fato, registrado em um filme doméstico do casal, foi levado para o cinema e, mais tarde, exibido como série de televisão.

O comportamento de Elsa quebrou o paradigma de que animais agem apenas por instinto e mostrou que seus organismos guardam algo mais do que simplesmente impulsos irracionais. O mito da realeza dos leões escondia um fundo de verdade e serviu como evento simbólico de grandes proporções culturais. A história provocou uma onda de reflexões sobre as relações entre humanos e não humanos, a contestação sobre as condições de vida em cativeiro e, principalmente, na cultura colonial de matanças e tratamento cruel às espécies consideradas inferiores. Tais reflexões não se limitaram à dimensão da fauna, mas se

Os Protótipos Humanos

estenderam a todo o meio ambiente, espaço vital para a preservação das espécies, e também às condições de vida de inúmeros seres humanos em lamentáveis condições de degradação social.

Seguiu-se, então, a luta contra o racismo, a intolerância religiosa, as ditaduras e os abusos de poder militar e financeiro, a devastação das guerras e o alastramento das diferenças sociais e da violência urbana, a propagação de epidemias e a contaminação dos mananciais naturais. Era preciso trilhar o caminho inverso do progresso pelo progresso, bem como repensar e reinventar uma nova concepção de desenvolvimento e riqueza.

Edgar Morin classificou as contracorrentes de acordo com a consciência manifesta em suas ações:

Ecológica: movimenta-se pela preservação ambiental e pela conscientização ecológica.

Qualitativa: luta pela qualidade de vida, pela humanização do trabalho, pelo exercício dos direitos de cidadania e integridade humanas.

Resistência à primazia do consumo padronizado: pratica a temperança, a frugalidade e luta contra o consumo supérfluo e a cultura do desperdício de recursos.

Emancipação em relação à tirania onipresente do dinheiro: é contra o lucro e luta pela correta aplicação e distribuição da riqueza.

Resistência à vida prosaica puramente utilitária: exemplifica a poesia, a espiritualidade e o amor; combate a disseminação do comportamento individualista e da indiferença social.

Reação ao desencadeamento da violência: trabalha contra a disseminação da violência e prega o desarmamento civil e estatal como forma de ação preventiva.

Todas essas contracorrentes, que se popularizaram mais tarde como organizações não governamentais (ONGs), buscam um novo sentido para a sociedade na construção de uma civilização planetária, por meio do desenvolvimento de uma consciência antropológica, da maturação de um civismo global e da espiritualização da condição humana. Profetizados nas obras de ficção científica de Isaac Asimov, esses núcleos sociais ou átomos regeneradores foram surgindo em pequenos grupos idealistas, à medida que ocorriam abusos empreendidos por forças destruidoras e tirânicas, que colocavam em risco milhões de anos de evolução. Inicialmente, foram vistos com desconfiança pela sociedade exatamente porque ousavam destoar dos conceitos comuns. Eram desacreditados porque se apoiavam em pessoas sem qualquer influência formal, como jovens idealistas, adultos já conhecidos como velhos rebeldes, grupos de utopistas que nunca haviam mostrado resultados práticos de suas ideias. Com o tempo, essas contracorrentes foram crescendo, tomando forma e força, ocupando espaço político e social. Na década de 1960, eram apenas pequenos grupos isolados; na década de 1980, foram tomando formato de organizações, como o Partido Verde na Alemanha. De protesto em protesto e muitos abaixo-assinados, as contracorrentes foram se impondo como alternativas aos sistemas opressores do capital industrial, gerador de guerras, de morte e destruição ambiental. Novos verbos dinâmicos também estão nesse repertório de grandes transformações históricas visualizadas por Morin: o "bem pensar"; o cultivo da introspecção; a abertura para novas ideias e experiências; compreender, pela empatia, a diversidade planetária e a complexidade humana. Tudo isso resume a nova inteligência global.

Os Protótipos Humanos

O sujeito e o cidadão

A concepção e a experiência humana, em suas diferentes dimensões, mostram que há um percurso de transformação do ser existencial em ser social, que, na dimensão política do convívio cotidiano, se expressa como cidadão, portador de direitos e deveres sociais:

O Sujeito Filosófico: o ser metafísico, no plano da concepção (criação/evolução).

O Sujeito Biológico: o ser biológico e sua manifestação individual orgânica (corpo).

O Sujeito Psicológico: o ser mental e sua manifestação vivencial (pensamento, ação e sentimento).

O Sujeito Sociológico: o ser social e sua manifestação no plano coletivo.

As três primeiras dimensões estão sob a tutela educativa familiar, que ocorre da gestação até o final da primeira idade, na qual o ser desperta para sua individualidade. Essa tutela preenche somente as necessidades dos limites da convivência doméstica.

Ao ingressar na segunda idade, o ser sente necessidade cada vez maior de convivência com os semelhantes da mesma faixa etária, o que lhe proporciona a troca de experiências comuns e afirmação de sua identidade. Nessa fase, a educação familiar precisa romper os limites da convivência doméstica e ingressar no mundo social. É o processo de socialização, cuja transferência do âmbito familiar para o social deve ocorrer por meio de processos institucionais seguros e socialmente aceitos.

A escola é o cenário mais adequado para essa transição e nela ocorre um processo inverso, no qual o sujeito sociológico ingressa em um trabalho de reafirmações de todas as suas dimensões, até que atinja as raízes ou princípios originais. A proposta da UNESCO, sintetizada nos Quatro Pilares da Educação, contempla e coincide com esse processo invertido e essencialmente dialético (aprender a aprender). Cada um desses pilares pode ser comparado às principais dimensões da dimensão escolar:

Aprender a Conhecer (a escola ou qualquer espaço institucional educativo que garanta a integridade física e psicológica).

Aprender a Fazer (sala de aula ou qualquer espaço físico que cumpra a função de promover as habilidades e a aquisição de competências).

Aprender a Conviver (todos os espaços físicos e possibilidades inter-relacionais).

Aprender a Ser (o retorno ao ser filosófico, a realização e conclusão curricular, a formatura, o despertar para um novo ponto de partida).

O novo ponto de partida é desencadeado pelo próprio Ser Filosófico, agora instrumentalizado, crítico, maduro, responsável, participativo. Sua socialização escolar significa a autonomia, ou seja, a base de sua nova trajetória social: o desenvolvimento e a afirmação de sua cidadania.

O cidadão (Ser Político) é capaz de exercer seus direitos e deveres fundamentais: liberdade (pensamento, expressão e ação); integridade (física e psicológica); autonomia socioeconômica (capacidade de trabalho e consumo).

A incapacidade de exercer direitos e cumprir deveres caracteriza a marginalização do sujeito do centro para a periferia da sociedade. É o deslocamento do centro para a margem que gera todas as formas de desajuste. Quem não tem liberdade, integridade e autonomia de trabalho não é cidadão. Quem não é cidadão é marginal, está deslocado socialmente e precisa ser reconduzido ao centro referencial da sociedade. Tal processo é essencialmente educativo e não depende somente da disposição e da vontade individual. É preciso, na maioria dos casos, uma

Os Protótipos Humanos
27

base motivadora sólida de recursos morais e materiais. Tanto a socialização natural como a reinserção social são responsabilidades coletivas, uma ética do gênero e da condição humana. Tal ética não caiu do céu, mas é produto de longa experiência histórica, por meio da ampliação territorial e mentalidade política do conceito de cidadania.

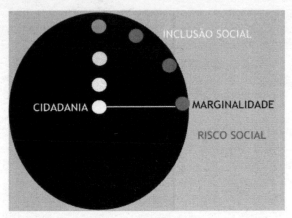

A Cidadania em Perspectiva Histórica

O cidadão da pólis

O conceito de cidadania aparece na Grécia antiga, na experiência social da pólis. Porém, na maioria das cidades da Antiguidade, esta era uma prática política muito comum. O cidadão surge com a cultura comercial e urbana das primeiras cidades da Mesopotâmia, juntamente com a defesa dos direitos humanos. A luta permanente dos judeus, por exemplo, para resistir à opressão e preservar suas raízes perante os demais povos, sempre será símbolo e referência de cidadania. Hoje, os clubes de cidadania, institucionalizados pela Revolução Francesa, nada mais são do que reflexo de um conceito milenar de liberdade de pensamento, expressão e ação.

Para Aristóteles, o homem é essencialmente um animal político (*zoopolitycon*) e seu campo natural de atuação seriam as próprias dimensões e os limites da cidade-Estado. Somente os homens nascidos na pólis exerciam esse direito. Mulheres, escravos e estrangeiros eram politicamente marginalizados. Apesar de a expansão civilizatória dos gregos pelo Mediterrâneo, o conceito e a prática da cidadania permaneceram na dimensão limitada da pólis. A maior influência grega nesse aspecto foram os modelos políticos de cidadania: o aristocrático-militar de Esparta e o democrático de Atenas, ambos seguidos por inúmeras nações modernas e contemporâneas.

O cidadão do Império

Em Roma, o conceito de cidadania também foi cultivado inicialmente na *civita*, porém, sofre uma revolução pragmática, ampliando sua dimensão para os limites territoriais do Império. Estrangeiros livres, contribuintes de impostos e submetidos às leis possuíam cidadania romana. Um exemplo clássico foi o apóstolo Paulo, que se valeu dessa prerrogativa para trafegar no Império e pregar o Evangelho, uma concepção de cidadania universal religiosa que seria institucionalizada pela Igreja Católica. A Inglaterra vitoriana adotou esse modelo da Pax Romana nos séculos XIX e XX para combater a escravidão e propagar o liberalismo industrial.

Na Idade Média, só existia a cidadania utópica do céu e do batismo (catolicismo) como possibilidade de inclusão social. Na modernidade capitalista, o conceito ressurge nas cidades europeias durante a Renascença, mas, logo, a ideia passa a ser reprimida pelo clero e a nobreza, detentores dos privilégios estamentais.

O cidadão universal

Na baixa Idade Moderna, entre os séculos XVII e XVIII, na Inglaterra (1640), Estados Unidos (1776) e França (1789), surge, respectivamente, por força do racionalismo empírico, da Revolução Industrial e do Iluminismo, o conceito de Cidadão Universal. Este é fruto do contrato social e da ideia de igualdade perante a lei. Porém, esse é o famoso cidadão de papel, ou seja, a lei existe, mas quase sempre não é cumprida por interferência das diferenças sociais. Teoricamente, somos todos iguais perante a lei, mas socialmente diferentes. Ricos e pobres têm tratamento social diferenciado no exercício de seus direitos e no cumprimento de seus deveres. Essa mudança do cidadão de papel para o cidadão real ainda teria pela frente uma longa jornada de reivindicações e conquistas. Não basta a lei, é preciso fazer cumpri-la. No Brasil, as primeiras tentativas de cidadania surgiram nesse contexto mercantil-colonial, com as chamadas rebeliões nativistas (Quilombo dos Palmares, Emboabas, Mascates, Beckman, Amador Bueno, Vila Rica), e, depois, emancipacionistas (Inconfidentes, Alfaiates), todas largamente reprimidas pelo poder absoluto e colonialista. Já no Império, os principais movimentos de cidadania ficaram por conta das rebeliões regenciais, que não aceitavam o abuso do poder central e a indefinição do Estado monárquico após a independência. Somente na República é que o conceito se materializa em forma de lei, porém entra também na longa rota de conquistas em busca da cidadania real. Nossos principais obstáculos para a formação cidadã e reinserção social são as péssimas condições de vida, o analfabetismo, a desqualificação profissional, a falta de consciência e a corrupção política, graves fatores que impedem a manifestação das liberdades individuais, a preservação da integridade física e o desenvolvimento do poder de consumo.

O cidadão do mundo

No mundo contemporâneo, esse conceito universal – meio utópico, meio legal – das narrativas jurídicas liberais vem se tornando gradualmente uma realidade social na maioria dos países, efeito da globalização da economia e dos intensos fluxos migratórios em todo o planeta. A partir da década de 1990, com o fim da Guerra Fria, surge a ideia de Cidadão do Mundo. O predomínio do poder dos Estados e dos conglomerados financeiros cede lugar ao novo poder empresarial e pessoal do Homem Davos. As principais decisões mundiais não são mais tomadas na Organização das Nações Unidas (ONU), mas no Fórum Mundial Econômico e também no Fórum Social Mundial, defensores da cidadania plena e da politização dos conceitos de responsabilidade social e de sustentabilidade. Cultura plural, política correta, economia sustentável, empresa responsável e cidadã são algumas das principais ideias agregadas ao conceito tradicional de cidadania.

EVOLUÇÃO DA CIDADANIA

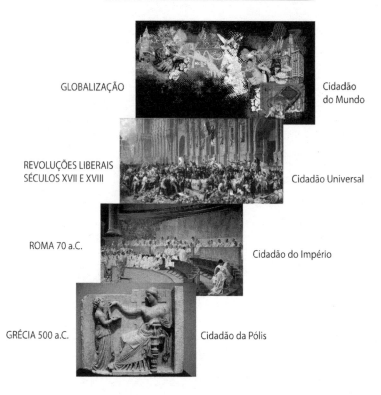

Os Protótipos Humanos

Uma nova inteligência

A melhor expressão da espécie humana é sua inteligência, diferenciada das demais espécies por sua capacidade de fazer escolhas. E a maior expressão dessa inteligência são os sentimentos e as emoções, as paixões e compaixões, que o ser humano demonstra em relação às coisas e aos seus semelhantes. Este é o motivo pelo qual todas as culturas ensinam, de acordo com suas tradições, que o homem foi criado à imagem e semelhança da Divindade.

Ao contrário do caráter quase estático da inteligência instintiva dos animais, a inteligência humana é dinâmica e constantemente desafiada por circunstâncias da existência. O fator mudança-adaptação do plano biológico animal é lento e quase imperceptível; porém, no plano psicológico hominal, é extremamente veloz, devido à percepção racional e à riqueza e diversidade das situações existenciais da experiência social humana.

Diante dessa diversidade e impulsionado pelas paixões naturais, o ser racional não tem alternativa senão fazer escolhas, mesmo que seja em forma de fugas. É por meio dessa crescente riqueza circunstancial, estimulada pelas constantes descobertas e inquietações sociais, que se revelam as múltiplas faces da inteligência e também os segredos do funcionamento da mente e da aprendizagem.

É por esse motivo que somente agora, em plena era tecnológica, antigas verdades, guardadas a sete chaves nos círculos ocultos, vieram à tona. Foi dessa forma que desabou o mito científico da inteligência única e da pedagogia unilateral. Quando Huberto Rohden afirma que "Ninguém pode educar alguém. [...] A verdadeira educação é essencialmente intransitiva [...]"[1] e Carl Rogers considera o professor "um facilitador da aprendizagem",[2] estão revelando essa face enigmática e atraente da mente humana, que só aprende algo e se deixa educar quando toma a decisão de se transformar. Quem decide o momento da educação é o próprio educando, pela autoaprendizagem, que é a busca de sua realização. A educação não é somente intransitiva como também é imprevisível como o próprio ser humano. Os conceitos sobre a inteligência já vinham passando por profunda revisão nas últimas cinco décadas do século XX. Diversos filósofos, psicólogos e educadores desenvolveram nesse período pesquisas e teorias revolucionárias, mostrando que a mente humana não é somente uma fatalidade biológica ou um mero produto do meio social, mas uma complexa combinação de experiências cujas conexões permaneceram desconhecidas e ainda subsistirão por muito tempo no terreno do mistério. Tudo indica que nas próximas décadas deste século esse tema tão atraente tomará rumos totalmente novos em relação àqueles que vinham sendo propostos.

É assim que temos visto a recente substituição do tradicional conceito de Quociente de Inteligência (QI) por Quociente Emocional (QE) ou Teoria das Inteligências Múltiplas (TIM). O primeiro julgava a inteligência do ponto de vista quantitativo, geral, único, fixo e imutável; o segundo já mostra a inteligência de um ponto de vista qualitativo, negando que exista somente uma inteligência geral e sim inteligências específicas e autônomas. Segundo essas novas teorias, todos nós somos dotados de uma variedade de diferentes competências e habilidades cognitivas.

O primeiro conceito restringia a inteligência ao pensamento lógico-matemático, mensurando-a com fórmulas da mesma natureza: o QI seria, então, a proporção entre a inteligência de um indivíduo, determinada de acordo com alguma medida mental, e a inteligência normal ou média para a sua idade.

---

1 ROHDEN, Huberto. *Educação do homem integral*. São Paulo: Martin Claret, 2001.
2 ROGERS, Carl. *Liberdade de aprender em nossa década*. Porto Alegre: Artes Médicas, 1985.

O segundo conceito diverge da ideia de que a inteligência se mede pela capacidade de responder a testes lógico-matemáticos e afirma que ela é caracterizada por um conjunto de habilidades emocionais na solução de problemas. Prova disso é o fato de que muitos indivíduos, rotulados como "inteligentes" por testes de QI, mostraram-se inábeis na solução de determinados problemas que não os de ordem lógico-matemática. Já aqueles indivíduos rotulados como "pouco inteligentes" em testes de QI, mostraram-se bastante habilidosos na solução de problemas em que os indivíduos de QI elevado fracassavam.

Enfim, a ciência começa a perceber uma verdade filosófica tão antiga quanto a espécie humana: o livre-arbítrio como ferramenta de crescimento e autonomia pessoal e a capacidade individual de fazer escolhas certas como o verdadeiro atributo da inteligência integral.

A partir dessas contradições teóricas e evidências de comportamento, constatou-se que a inteligência não é absoluta, mas sempre relativa e proporcional ao grau de consciência da pessoa. Ela parte sempre do aspecto parcial e simples para o integral e complexo, que é a verdade como um todo. Quando afirmamos que alguém é inteligente ou pouco inteligente, devemos sempre acrescentar as seguintes perguntas: "Inteligente em quê? Para quê? Em que circunstância?"

Inteligência sempre foi sinônimo de poder e superioridade; por muito tempo, ela vem sendo objeto sistemático de culto social, sobretudo no mundo competitivo pós-industrial. Segundo esse conceito cultural, as pessoas tidas como inteligentes geralmente são vistas como seres superiores aos demais. Mas são superiores em que sentido? Em que circunstância? Alexandre Magno, Júlio César e Napoleão Bonaparte eram seres muito inteligentes, mas não eram seres superiores aos demais em diversos sentidos. Hitler, apesar de vegetariano, abstêmio e não fumante, nunca foi exemplo de superioridade, sobretudo no aspecto moral. Todos eles, como seres humanos, tinham limites não ultrapassados pelo tipo de inteligência que possuíam. Hitler nutria preconceito contra judeus, negros, mulheres etc., o que denota limite na capacidade de solucionar problemas de

34 Dalmo Duque dos Santos

convivência com aqueles considerados diferentes. Aliás, considerar pessoas ou conceitos diferentes como "inferiores" ou "piores" caracteriza falta de habilidade mental para romper limites.

Todos esses falsos "gênios" da história cometeram erros ao fazer escolhas e avaliações emocionais, provando que a inteligência que possuíam era limitada e parcial.

Foi isso que diferenciou esses famosos e "inteligentes" estadistas de alguns seres também inteligentes, como Santo Agostinho, Gandhi, Confúcio ou Martin Luther King. Estes eram pessoas que exibiam um tipo de inteligência não muito adequado aos padrões competitivos da arte militar e da conquista de territórios, mas extremamente habilidosos na competição contra inimigos interiores e na conquista do árido território íntimo. Eram, também, muito equilibrados emocionalmente. Suas conquistas interiores, aparentemente frágeis e impotentes, promoveram assustadoras mudanças exteriores, de grande impacto social. Logo, o equilíbrio emocional é um grande diferencial de inteligência. Isso porque, além da cognição e do pensamento lógico, esses indivíduos ampliaram suas inteligências por meio de outras experiências mentais, manifestadas por sentimentos e ações ainda incomuns na maioria dos seres humanos.

O conceito de inteligências múltiplas abriu novas perspectivas na área do conhecimento, pois rompeu com os limites da "inteligência única", que, por si só, é limitada e restrita, deslocando o ser humano para a "vivência", que é uma forma de inteligência mais ampla, infinitamente irrestrita e ilimitada. Vivência pode ser chamada de inteligência total ou integral, enquanto a inteligência única e isolada é fragmentada e parcial.

A inteligência é um meio para se chegar ao conhecimento; a vivência é um fim, é o próprio conhecimento. E esse "fim" não é o limite, mas o eterno "início" de novas e eternas experiências. Logo, conhecimento é uma experiência que, na verdade, não tem fim. Quanto mais conhecemos, mais tomamos consciência de que não sabemos. Esta foi a vivência de Sócrates e, por esse motivo, o oráculo o apontou como o homem mais sábio da Grécia, exatamente porque o conhecido filósofo vivia afirmando que nada sabia e que a experiência mais importante na vida era o "conhece-te a ti mesmo".

Os Protótipos Humanos

Quem Somos?

Somos consciências, individualidades. Viemos, talvez, de uma Fonte Inteligente superior e criadora das coisas. Por meio de inúmeras experiências, vamos nos transformando constante e mentalmente do simples para o complexo, do homogêneo para o heterogêneo. Enfim, evoluímos.

Mesmo discordando da lógica dessas respostas ou aceitando-a, sentimos necessidade de ir adiante, desvendar os mistérios que elas deixam na superfície de nossa capacidade de compreensão. Queremos aprofundá-las cada vez mais.

Sabemos o que é a inteligência, qual a sua função e isso nos leva a perceber, primeiramente, que ela se localiza em determinado ponto do nosso organismo: a cabeça, especificamente no cérebro. Mas os cérebros, organicamente falando, são todos iguais. Cérebros de criminosos famosos e de personalidades do mundo acadêmico, depois de suas mortes físicas, foram dissecados por estudiosos e nada foi encontrado em suas medidas e características morfológicas que pudesse ser associado à inteligência. Tanto o cérebro de Einstein quanto o do cangaceiro Lampião eram absolutamente idênticos. Então, por que as pessoas são diferentes e reagem de maneiras diferentes? Onde está essa diferença?

Quando uma pessoa vê um objeto vermelho, todas as outras pessoas também o veem, porque os cérebros realizam uma operação física semelhante para interpretar essa informação visual. Mas essas pessoas podem ter reação diferenciada quando são questionadas sobre o que "sentem" a respeito da cor vermelha. Uns podem "gostar" do vermelho e outros, simplesmente, "detestá-la".

Por que isso acontece, se os cérebros são iguais?

Respondendo a essa questão, diríamos que quem manifestou o sentimento sobre a cor vermelha não foi o cérebro, mas algo que dá qualidade ao cérebro: a mente. O cérebro é uma massa orgânica e a mente é o conjunto das experiências que o cérebro manifestou. O cérebro é apenas um captador externo de informações, pelos sentidos exteriores. A mente é a matriz das informações interiores, o arquivo dessas informações. Se aplicarmos uma relação de causa e efeito a essa análise, será fácil percebermos que o cérebro é o efeito da mente, embora seja um instrumento orgânico essencial à manifestação da mente. Um cérebro defeituoso ou lesado não veicula corretamente pensamentos, atitudes, sentimentos e emoções emitidos pela mente.

Ao comparar certas características, perceberemos diferenças fundamentais entre cérebro e mente e estabeleceremos onde está o centro das inteligências:

O cérebro é fisiológico, material, temporal, concreto, objetivo – são todos iguais na forma.

A mente é psicológica, espiritual, atemporal, abstrata, subjetiva – são todas diferentes no conteúdo.

Para o filósofo Henri Bergson, que dedicou sua vida ao estudo dessas diferenças conceituais, a percepção que temos do tempo e a existência da memória são provas irrefutáveis do universo mental. Para ele, o cérebro jamais poderia produzir as impressões e as referências que a mente consciencial dá ao tempo.

Refletindo ainda sobre a diferença que existe entre as pessoas, podemos afirmar com toda a certeza que ela não está no cérebro, mas na mente. É ali que está localizada verdadeiramente a inteligência. É na mente que se encontram desde as experiências mais grosseiras e primitivas até as mais sofisticadas operações cognitivas. Quanto mais complexas são as experiências, mais complexas são as mentes.

Enquanto o cérebro é composto de massa e dinamizado por neurônios, a mente é formada e desenvolvida pelo conjunto de habilidades ou inteligências cuja função é solucionar problemas de diferentes ordens. O conjunto dessas habilidades e competências opera e estimula os neurônios por meio das três vivências fundamentais: pensamento, ação e sentimento.

Durante todo o tempo de nossas vidas estamos pensando, agindo e sentindo. Ser inteligente não significa apenas raciocinar; significa, também, agir e reagir por meio de atitudes e emoções. É isso que torna as pessoas diferentes entre si, mais ou menos experientes uma em relação às outras, com maior ou menor grau de maturidade. Mas é bom lembrar que inteligência nem

Os Protótipos Humanos
37

sempre é sinônimo de maturidade. Existem pessoas – crianças ou adultos – muito inteligentes, porém imaturas emocionalmente. Esta é, basicamente, a diferença entre inteligência e vivência. É por meio dessas três vivências que a mente realiza suas funções psíquicas: obter conhecimento e autoconhecimento e desenvolver o autodomínio. Na manifestação das três vivências, isto é, o contato com o ambiente, a mente tem como trabalho básico a solução de problemas e, em um plano mais amplo, a ruptura de limites circunstanciais. Sempre que um problema é solucionado, ocorre uma acomodação de nossa consciência; se o problema não teve solução, é sinal de que há um limite que deve ser rompido para ser superado. Enquanto isso não for possível, ocorre a adaptação, processo no qual a nossa consciência "dribla" a realidade por meio de resignação, fuga ou ataque às situações incômodas. Vejamos como ocorre esse "jogo" entre a mente e o ambiente.

A vida cotidiana é cômoda quando estamos em contato com as coisas comuns e banais. Mas, quando surge uma mudança qualquer, rompendo-se a monotonia com situações novas, ela passa a ser incômoda. Essas situações podem ser de fácil assimilação e, geralmente, resultam em nova acomodação. Porém, nem sempre as situações se acomodam. Na maioria das vezes, as situações são incômodas – e nós sabemos a causa espiritual delas – e geram uma sensação desagradável de ameaça ao nosso conforto íntimo. Diante disso, temos como opção a acomodação, o fracasso e a adaptação. Nessa última, temos as tentativas de diminuição do sofrimento, por meio de fuga, resignação ou agressão. Para nos adaptarmos ao fracasso, podemos fugir da realidade incômoda, o que se consegue de inúmeras formas: fingir indiferença, usar drogas e remédios, ingerir bebidas alcoólicas, fumar, praticar algum esporte, viajar, ler um livro, dobrar a carga de trabalho, demonstrar agressividade física e verbal, desmaiar ou mesmo entrar em coma. As formas variam de acordo com as pessoas e as circunstâncias. É nesses momentos que a mente exige operações cognitivas, nas quais temos de usar algum tipo de inteligência para resolver desde pequenos problemas aos mais complexos: da porta que emperrou ou do aparelho eletrônico que não funciona até as mais graves provações de ordem moral.

As Inteligências Múltiplas

Segundo as novas teorias da educação e da ciência do comportamento, o ser humano possui potencialmente sete tipos de inteligências ou competências e habilidades cognitivas, que foram sendo adquiridas desde os primórdios da raça humana, constituindo três tendências cognitivas: as inteligências naturalísticas (instintivas e intuitivas), as inteligências técnicas (intelectuais e racionais) e as inteligências sociais (emocionais e expressivas):

Inteligência linguística: habilidade e sensibilidade no uso e significado das palavras (retórica, persuasão, poesia, explicação, descrição, narração etc.).

Inteligência lógico-matemática: capacidade para solucionar problemas envolvendo números e demais elementos matemáticos; habilidades para raciocínio dedutivo.

Inteligência cinestésico-corporal: habilidade no uso do corpo com fins expressivos e no alcance de objetivos que exijam movimentos motores.

Inteligência espacial: habilidade de precisão e sensibilidade na percepção do espaço e do tempo, nas formas e objetos.

Inteligência musical: habilidade e sensibilidade a sons e ritmos.

Inteligência pessoal ou emocional: é uma inteligência única no gênero e dupla na função:

Inteligência intrapessoal: capacidade de relacionamento consigo mesmo; autoconhecimento; habilidade de administrar seus sentimentos e emoções a favor de seus projetos; é a inteligência da autoestima.

Inteligência interpessoal: habilidade de compreender os outros; a maneira de como aceitar e conviver com o outro. Síntese de todas as demais, esta é a que liberta o ser do determinismo e promove o livre-arbítrio por meio do mecanismo das escolhas, da definição de rumos e caminhos, ou mesmo das grandes decisões existenciais. Ela traça os destinos e liga as individualidades às leis mais importantes do universo.

Essas inteligências não apareceram no ser humano em um passe de mágica, como se fosse um decreto arbitrário do Criador para suas criaturas, privilégio e sucesso de uns e fonte de

Os Protótipos Humanos   39

tormento e fracasso para outros. Elas são produto de uma evolução natural regida por leis naturais, de um desenvolvimento histórico da esfera biológica para a psicológica realizado em milhões de anos de experiências, erros e acertos. Marcaram, dessa forma, a transformação de habilidades parciais no plano existencial em competências integrais no plano vivencial.

Cada uma dessas habilidades e competências surgiu por efeito de uma necessidade imperativa imposta pela natureza ou pelas circunstâncias. A descoberta do fogo é a mais conhecida dessas experiências. As vicissitudes do frio e da fome deram impulso ao desenvolvimento de habilidades que foram responsáveis pela sobrevivência da espécie humana na era glacial. A educação humana primitiva era dada pela natureza, pois o homem a ela estava estreitamente ligado. Com o desenvolvimento da razão e do livre-arbítrio, o ser humano passou a gerir sua própria educação e, não satisfeito com a sua autonomia, passou a desafiar a maestria da natureza na tentativa de submetê-la e transformá-la segundo as suas necessidades. Essa ruptura coincide com o desenvolvimento das inteligências múltiplas e a verticalização gradual da consciência.

Em cada época da humanidade, essas inteligências se manifestaram em protótipos históricos, dando um perfil antropológico a grupos humanos e civilizações nas quais viveram. Tais protótipos foram, na verdade, importantes educadores, modelos educativos avançados no tempo. Em todos eles encontramos grandes projetos pedagógicos cuja essência era transpor as coletividades da barbárie para a civilização. Tal transposição teve como suporte o aparato da inteligência emocional desenvolvido no advento institucional da família, em cujas relações sociais sanguíneas e de afetividade foram se processando as primeiras noções de ordem, valores, moral e ética. Foi a partir da família e de suas sequências coletivas (clãs, tribos, fratrias) que os grandes educadores primitivos elaboraram seus projetos educativos, facilitando ou reforçando as bases da civilização.

Foi no trajeto histórico do costume para a lei, da família para o Estado, da moral para a ética, que esses educadores fixaram as bases do comportamento diferenciado que traziam gravado em suas almas. Eram seres de superioridade inconfun-

40   Dalmo Duque dos Santos

dível. Desde cedo, funcionaram como vetores de uma moralidade avançada e, na maioria das vezes, ainda incompatível com o moral predominante em suas épocas. Mas era exatamente essa característica que os tornava aptos a exercerem a função de agentes transformadores do comportamento comum. Na Antiguidade, o veículo mais adequado para se processar tais mudanças eram os núcleos religiosos – locais onde a curiosidade e a busca da verdade eram mais comuns. A iniciação religiosa e nos mistérios da natureza aconteciam nos templos ou em escolas iniciáticas alternativas que fugiam da viciação social e política do clero. É só lembrarmos do percurso histórico feito pelos judeus entre o Egito e a Palestina, no qual Moisés funciona como educador social ao implantar, em pleno deserto, o projeto da civilização judaica, base da futura civilização cristã. Antes da implantação, Moisés fez sua iniciação nos templos egípcios, conheceu os segredos do corpo e do Espírito, o domínio das forças elementares e da comunicação transcendental entre os mundos físico e metafísico. A essência de seu projeto era a ideia da Lei Universal, que deveria ser personalizada na figura de um ser único, superior e regulador de todas as coisas, em todos os lugares. O povo judeu seria a classe de aprendizagem mais adequada a esse empreendimento, base social potencialmente mais eficiente, pois reunia as condições culturais e circunstanciais para efetivação dessas ideias avançadas para a época: vinham de uma antiga luta de afirmação de identidade social (desde Abraão), estavam na condição de escravos, oprimidos pelo poder egípcio; passariam nesse trajeto por provas espetaculares, nas quais poderiam avançar ou recuar, vencer ou fracassar. Todas essas provas eram ponto de escolha entre a barbárie e a civilização, entre a verdade espiritual e a ilusão material. Povo inquieto, inteligente, orgulhoso, pragmático, criativo, de fácil inter-relacionamento com outras culturas, sobretudo no terreno dos negócios, os judeus não guardariam somente para si essa experiência da busca de Canaã. A longa formação e a dispersão das tribos na diáspora seriam a garantia de que as lições de justiça divina ensinadas por Moisés seriam propagadas nos quatro cantos da civilização oriental, então predominante no planeta. O "curso" de 40 anos no deserto forneceu preciosas

Os Protótipos Humanos 41

experiências que permitiram a realização de escolhas decisivas, ricamente registradas no grande livro didático bíblico. Moisés foi, em sua época, um protótipo do Homem Teológico, legislador universal. É claro que a tradição sacerdotal ofuscou muito do brilho de sua sabedoria, inventando e incorporando à sua obra elementos dogmáticos estranhos e pervertidos, como o exclusivismo racial e a violência do talião.

Tanto os profetas, também excelentes educadores sociais, como o próprio Jesus, sublime pedagogo cósmico, se encarregariam de fazer justiça ao trabalho educativo de Moisés, revelando, mais tarde, a sua verdadeira face espiritual e libertadora. Hoje, é fácil entender que os relatos bíblicos sobre Moisés e o povo do deserto escondem sedutoras metáforas vivenciais: a abertura do mar Vermelho para a passagem dos judeus, por exemplo, revela não somente um espetáculo do fenômeno sobrenatural, que é puramente simbólico, mas a ideia do impasse educativo: recuar para a barbárie ou avançar para a civilização. Voltar para o Egito naquele momento significava morrer espiritualmente, negar as lições de futuro e permanecer no passado, na escravidão do orgulho, no sofrimento inútil e desnecessário. Canaã nunca foi um lugar geográfico, mas o mundo ideal, modelo de perfeição traçado na utopia de Moisés. A Palestina materializou-se como Canaã por causa da teimosia e ambição da tradição e do imediatismo materialista daqueles que não souberam aproveitar as lições do deserto. Tanto é que, até hoje, esse falso território da liberdade é o centro de contendas políticas mundiais e dolorosos resgates cármicos. O mesmo equívoco deu-se no cultivo utópico da Jerusalém espiritual e do Reino de Deus ensinados mais tarde pelos profetas e por Jesus e deturpados pela tradição clerical das igrejas.

Os protótipos antropológicos avançados deixaram marcas inegáveis de sua educação superior. Moisés ensinou a Lei; Krishna iluminou as dúvidas sobre livre-arbítrio e destino; Buddha exemplificou o domínio do desejo; Lao-tsé e Confúcio demonstraram os segredos da paciência e da honestidade; Zoroastro tranquilizou o espírito humano dividido entre o bem e o mal; Jesus vivenciou na própria carne a lição do amor e do perdão.

Assim, na pré-história apareceu o Homem Biológico. Nas

primeiras civilizações da Antiguidade, surgiu o Homem Teológico. Nas peripécias da civilização greco-romana, desenvolveu-se o Homem Racional. Na transição do feudalismo para o capitalismo, com o advento da Renascença, delineia-se o Homem Metafísico. Na era industrial, em meio às descobertas científicas dos séculos XVIII e XIX, aparece o Homem Positivo. Na era atômica e da informática, na transição do segundo para o terceiro milênio, já encontramos sinais do Homem Psicológico. Esses seis protótipos seriam a base para o desenvolvimento, em um futuro distante, de um sétimo ser, o Homem Cósmico, que será a síntese de todas as inteligências, de todas as experiências acumuladas nos milênios anteriores. Segundo revelações de diversas tradições espiritualistas esotéricas, esse sétimo ser supera todos os obstáculos das seis inteligências exteriores.

A Inteligência-Síntese

De todo os tipos de inteligência que apresentamos de forma resumida, obviamente a que mais nos interessa é a Inteligência Pessoal, pois entendemos que ela, não isoladamente, mas integrada às demais, é que promove a ampliação da consciência e, consequentemente, das vivências do Espírito. Enquanto ser encarnado, o Espírito se desenvolve e aprende nos quatro períodos existenciais – infantil, adolescente, adulto e velhice. Na infância e na adolescência, utilizam-se para educá-lo os recursos da pedagogia, que são baseados na experiência do educador. Na fase adulta e na velhice, recomendam-se os recursos da andragogia, fundamentados na vivência do próprio educando. Enquanto a pedagogia desenvolve o aspecto intelectual pela experiência no mundo dos fatos, a andragogia desenvolve, pela vivência, o aspecto consciencial no mundo dos valores. Como prática de aprendizagem, a pedagogia é vertical – de cima para baixo –, experimental e existencial; já a andragogia é horizontal – de igual para igual –, vivencial e consciencial ou ressurreicional. Essa última, por ser intuitiva, tem maior impacto em espíritos já amadurecidos, enquanto a primeira, por ser instintiva, destina-se às mentalidades infantis. Existem crianças que são

Os Protótipos Humanos

maduras, assim como há adultos que são infantis – daí a diferença de abordagem educacional, segundo as condições em que se encontra a mente.

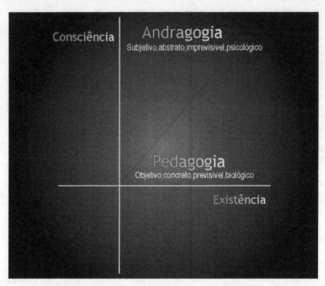

Sobre essas diferentes formas de aprendizagem, Albert Einstein afirmou que "[...] do mundo dos fatos [a ciência], não conduz nenhum caminho para o mundo dos valores – estes vêm de outra região. O mundo dos fatos é o mundo do ego, de que se ocupa a instrução; o mundo dos valores é o mundo do Eu, que é o escopo da educação"[3].

O célebre cientista estava se referindo às diferenças entre o universo lógico e o psicológico: "Não existe nenhum caminho lógico para a descoberta das leis elementares do Universo – o único caminho é o da intuição"[4].

Sabemos que o sentido da existência biológica do ser é basicamente o desenvolvimento de habilidades físicas e psicológicas – intrapessoais e interpessoais – ou seja:

— A ruptura de limites nas relações pessoais pelo conhecimento e autoconhecimento;

---

[3] EINSTEIN, Albert apud ROHDEN, Huberto. *Educação do homem integral*. São Paulo: Martin Claret, 2001.
[4] CLARET, M. (Coord. Editorial). *O pensamento vivo de Einstein*. São Paulo: Martin Claret, 1984.

— A busca de ampliação das relações pessoais, aperfeiçoando antigas relações, travando outras novas e harmonizando aquelas nas quais geramos algum tipo de desequilíbrio, em nós e nos outros;

— A busca da solução de conflitos externos e internos, eliminando obstáculos e saldando dívidas e compromissos assumidos nas situações de desequilíbrio: arrependimento, o choque de retorno e o ressarcimento de prejuízos causados aos outros;

— A busca da coerência de comportamento e harmonia de valores, orientando-nos corretamente sem sofrer os riscos das contradições, dos testes e das tentações, próprios das provas que encontramos;

— A solução de problemas psicológicos ou emocionais: ao passarmos por provas e expiações, temos condições de conhecer melhor os nossos problemas íntimos e trabalhar no sentido de transformá-los de obstáculos em novos recursos.

A grande maioria dos problemas humanos está radicada na área vivencial, do sentimento, pois é ali que se manifestam as emoções ou impressões que temos sobre eles. Os problemas de ordem externa são geralmente resolvidos pelo raciocínio e pela ação prática, mas os que são transferidos para o terreno íntimo, porque exatamente são de ordem emocional e não intelectual, só podem ser solucionados por meio da adaptação vivencial, do treinamento direcionado de sentimentos e emoções.

Assim como podemos treinar o raciocínio para efetuar cálculos ou o corpo para execução de tarefas físicas, podemos exercitar nossos sentimentos e emoções para realizações sentimentais e emocionais. Uma emoção controlada é sinônimo de equilíbrio e o seu inverso significa desequilíbrio. Se chorarmos, porque nos emocionamos com uma obra de arte ou porque vimos uma cena comovente, estaremos dando prova de equilíbrio. Se dermos gargalhadas diante de uma situação constrangedora para nós ou para alguém, isso pode ser sinal de desequilíbrio.

Todo problema de ordem emocional é proveniente de um sentimento de ameaça. Sentimo-nos ameaçados e entramos instintivamente em estado defensivo. Trata-se de necessidade de conservação da integridade física e moral. Quando os nossos interesses estão ameaçados, nós nos tornamos egocêntricos e esse

Os Protótipos Humanos 45

egoísmo promove a manifestação de uma série de comportamentos que aprendemos durante muitas encarnações. Estes são os chamados defeitos morais – atitudes que negam a nossa vontade de romper obstáculos exatamente porque foram adotadas em situações ameaçadoras. Enquanto a nossa integridade física é mantida pela defesa física, a integridade moral é, geralmente, preservada por nossos valores morais. São eles que nos dão referências sobre como devemos agir em determinadas situações; eles servem de bússola para tomarmos atitudes. Em todas as culturas existem conjuntos de valores formados a partir das experiências individuais e coletivas. Nossa cultura ocidental, por exemplo, tem como referência a moral judaico-cristã. São experiências consagradas individual e socialmente e que aceitamos como referências de comportamento. Esforçamo-nos constantemente para nos manter coerentes com esses valores, mas eles sempre são questionados e desafiados pelas situações, principalmente aquelas em que as coisas aparentam ser contraditórias.

Inteligência e Sabedoria

Uma das características da inteligência existencial é o desenvolvimento não só do intelecto, mas, principalmente, da sabedoria vivencial. Sabedoria pode ser chamada de inteligência emocional.

Para falarmos de inteligência existencial, primeiramente é necessário distinguir inteligência e sabedoria. A confusão que se faz entre essas duas experiências é a mesma que comumente se faz entre sexo e amor. A primeira é uma experiência instintiva, desenvolvida pela necessidade de sobrevivência e de reprodução da espécie; sua função foi se aperfeiçoando através de provas e expiações – situações necessárias e compulsórias –, até chegar à sabedoria, que é o seu produto final, reflexo do perfeito equilíbrio entre o raciocínio e as emoções.

Portanto, inteligência não é sabedoria. Hitler e Gengis Khan foram inteligentes, mas nunca foram sábios. Hoje, podem até estar reencarnados com debilidades mentais graves. Maria de Nazareth não era inteligente, mas seus sofrimentos, suportados corajosamente pelas suas virtudes, deram-lhe inteligência e muita sabedoria. Maria de Magdala era muito inteligente e com defeitos até perigosos, mas decidiu sacrificar-se em intenso combate pela reforma íntima e também se tornou sábia.

Geralmente, o padrão de inteligência que nos é socialmente apresentado é o do indivíduo desenvolvido intelectualmente e bem-sucedido em algumas áreas.

Entretanto, as mais recentes pesquisas apontam que não existe uma inteligência geral, mas apenas inteligências diferenciadas e independentes. Ou seja, são habilidades características que podem ser desenvolvidas tanto pelo ensino como pela educação.

Aliás, é sempre bom lembrar que os Espíritos, quando reencarnam, mudam suas experiências exatamente para desenvolver novas habilidades: mudam de ambiente, de sexo, de situações (provas) etc. para mudarem de comportamento; só não mudam quando não querem, pois possuem livre-arbítrio. Ainda assim, quando abusam, são forçados a passar por experiências punitivas ou expiações que os convidam à mudança. Essa é a Lei da Evolução, a Lei da Vida, da qual ninguém pode fugir.

Quando uma pessoa decide romper um limite pessoal e mudar de comportamento para atingir determinado objetivo, ela está dando prova de inteligência; ninguém que esteja satisfeito consigo pode ser testado em sua inteligência, porque, nessa pessoa, não há intenção de modificar o seu estado íntimo.

A confusão que normalmente se faz entre sabedoria e inteligência é, em alguns aspectos, aceitável, pois, na verdade, ambas se diferenciam na essência, mas se complementam. E o que caracteriza essa diferença? Sem dúvida é o fator "experiência" ou vivência. Quem tem experiência ou vivência "produz" conhecimento pela sabedoria, porque possui autonomia intelectual; quem é apenas inteligente, geralmente, "reproduz" o conhecimento, porque ainda não possui essa autonomia de atitudes e pensamentos, isto é, pensa e age por influência de terceiros. Este trabalho que aqui escrevemos é um exemplo típico de reprodução de conhecimento. Aliás, é essa distinção que se pratica no meio acadêmico: o bacharel é um reprodutor de conhecimento; já o mestre produz conhecimento com alguma autonomia; o doutor é autônomo em seu pensar; o livre-docente possui in-

Os Protótipos Humanos

telectualidade plena; já quem recebe o título de "notório saber" tem reconhecida a sua excelência intelectual em determinada área do conhecimento.

É importante lembrar que há também evidente diferença entre ensino e educação. O primeiro é uma atividade mais voltada para o intelecto, enquanto a educação está voltada para o comportamento. Durante muito tempo, esses dois conceitos andaram separados, provocando sérios desequilíbrios individuais e sociais. Muitos professores não reconheciam, e ainda se recusam a reconhecer, em sua delicada função, o papel de educadores. Educadores humanistas como Comenius e Pestalozzi, rompendo o monopólio das escolas católicas, defendiam a distinção entre instrução (ensino) e valores (educação). Ou seja, os alunos até podiam ficar inteligentes, mas também ficavam desorientados e perdidos, sem rumo em suas vidas. E os pais acreditavam que tudo estava bem, pois estavam entregues em boas mãos. Na verdade, estavam e ainda estão entregues a si mesmos. O construtivismo, que é uma vanguarda pedagógica influenciada pelas ideias de educadores humanistas pelos antigos conceitos holísticos, vem mudando essa situação. Chegou-se à conclusão de que é mais fácil aprender fazendo do que vendo alguém mostrando como se faz, sobretudo quando esse último emite afirmações contraditórias do tipo: "Faça o que eu digo, mas não faça o que eu faço!". O educador e filósofo Huberto Rohden explica, depois de décadas de equívoco profissional, que "ensino é apenas instrução; educação é autorrealização". Por isso, "ninguém educa ninguém", pois esta é uma faculdade intrapessoal, que depende exclusivamente de uma decisão individual.

Conceitos tais como o das inteligências múltiplas e do construtivismo não são "novidades" revolucionárias, como geralmente têm sido divulgados – a não ser no mundo acadêmico –, pois são ideias conhecidas há séculos, sobretudo pelos grandes mestres do Espírito. Nas escolas espiritualistas iniciáticas, são de uso habitual e comum. Trata-se de reconhecimento de verdades que foram rejeitadas no passado, em diversas épocas, para garantir o poder em várias esferas da sociedade, principalmente no terreno clerical.

O ser e o tempo

Mas de onde se origina ele? Por onde e para onde passa quando se mede? De onde se origina ele senão do futuro? Por onde caminha senão pelo presente? Para onde se dirige senão para o passado? Portanto, nasce naquilo que ainda não existe, atravessando aquilo que carece de dimensão para ir para aquilo que já não existe.[1]

A natureza possui como marca essencial os seus ritmos, que dão vida aos fenômenos e significado aos eventos. É assim que as coisas acontecem, cada qual a seu modo e com características próprias: na pulsação cósmica, nas estações do ano, nos períodos climáticos, nas marés, nos ventos, nas perturbações telúricas, fisiológicas e sociais, nos ciclos de reprodução, nas migrações etc. No aspecto humano, os ritmos tomam significados mais complexos, como os ciclos biológicos e psíquicos. Na maioria desses ritmos, encontramos a presença inexorável e enigmática do tempo.

Somente os seres humanos mais evoluídos possuem a faculdade da consciência, isto é, a percepção de si mesmos e da realidade em que vivem. Isso acontece quando, por meio das inteligências, superamos os instintos e passamos a agir na solução de problemas, fazendo escolhas. Sabemos que existimos e que somos parte de um sistema de vida social de muitas articulações, fazendo com que nossa percepção e atuação sejam sempre em dois aspectos distintos: o individual, o nosso EU e a nossa

---

1 SANTO AGOSTINHO. Livro XI. In: *Confissões*. São Paulo: Abril Cultural, 1973.

personalidade; e o coletivo, que é a nossa identidade social, na família e na sociedade.

A consciência é, portanto, um fenômeno histórico, pois é a soma desses dois aspectos da percepção da realidade, e se amplia na medida em que o ser amadurece pelas experiências. Ao fazer essa relação de si mesmo com o mundo ao seu redor, o ser percebe o funcionamento das coisas e de sua própria constituição orgânica e psíquica. Isso acontece por meio da percepção do outro e do tempo ou duração das coisas. Tudo passa por um processo histórico de causa e efeito e tem um tempo para ser equacionado, um início, um meio e um fim. Os animais só percebem o tempo através de coisas concretas, como os fenômenos físicos naturais: o clima, o dia e a noite, as luas, as estações do ano etc. Já o ser humano vai além e passa a observar o tempo de forma abstrata, matematicamente, vendo, inclusive, a possibilidade de interferir não na duração, mas na distribuição de sua utilidade, de acordo com suas necessidades. Assim como há possibilidade de intervir na natureza, em função da produção de recursos, por exemplo, é possível fazer o mesmo com o tempo, transformando o tempo integral em períodos específicos fragmentados: tempo pessoal e tempo social: trabalho, repouso, lazer, obrigações sociais, voluntariado etc. Tudo isso é o tempo absoluto, o todo, e também o tempo relativo, em partes, dependendo de quem e como observa; é ainda o tempo histórico, ou seja, a relação que fazemos entre o presente, o passado e o futuro. O inverso de tudo isso é a alienação, que é a condição natural dos animais irracionais e também a nossa recusa, muitas vezes, de tomar ciência das coisas que estão acontecendo. Quando optamos por ignorar os fatos, estamos provocando voluntariamente a nossa alienação, o que é, de certa forma, uma violação da consciência. Temos a liberdade de agir dessa forma, mas pagamos um alto preço por essas decisões, pois toda ação tem uma reação correspondente, em todos os planos da vida, incluindo a vida psíquica. Isso significa que tudo é possível, mas tudo tem uma consequência inevitável. É por isso que a alienação deliberada é uma violência, uma espécie de suicídio da consciência, um crime contra a natureza e a Criação Divina. Esta é a causa dos sofrimentos humanos, quase sempre gerados por tentativas vãs de burlar a realidade ou fugir de nós mesmos. Não é por coincidência ou "imperfeição da matéria" que vemos ao nosso redor milhares de seres alienados mentalmente, loucos e impedidos de liberdade de ação e raciocínio. Geralmente, nesses casos, os acidentes da natureza são precedidos de incidentes provocados pela imaturidade humana.

Quase sempre, o despertar da consciência é doloroso, sendo raros os casos em que o ser o faz espontaneamente. Isso também nos leva a refletir por que essas primeiras lições ocorrem em mundos imperfeitos e geralmente sob circunstâncias contraditórias. A transição entre o Instinto e a Consciência é que marca essas experiências recheadas de tensões e sofrimentos. Temos necessidades fundamentais que precisam ser satisfeitas em nossos campos de percepção (psicológicas) e de atuação (biológicas e sociais): alimentação, sono, sexo, contato físico, amor, aceitação, afeição, independência, *status*, realização, prestígio, reconhecimento social. Tais necessidades geram uma tensão permanente causada pela busca de alívio e finalmente a realização. Se o alívio não for possível, nós nos frustramos. Exatamente por termos a liberdade de escolher, e também de abusar da escolha, nas circunstâncias em que nos sentimos ameaçados na satisfação de nossas necessidades lançamos mão do recurso da fuga e partimos para o ataque em diversos graus de comprometimento, desde pequenos deslizes até erros mais graves e de consequências drásticas. A fuga é uma opção, não uma regra, mesmo porque muitas fugas são atitudes que agravam os efeitos dos erros cometidos. Em muitas ocasiões, as fugas funcionam como alternativas temporárias, até que tenhamos maturidade para enfrentar a situação. Mas elas não podem persistir como situação permanente, pois isso afeta o processo natural de evolução do ser. Uma analogia bem simples seria com os objetos que são introduzidos por acidente ou implantados no corpo, com a intenção de corrigir uma falha orgânica. É uma alternativa possível, mas, por serem estranhos ao conjunto, podem naturalmente ser rejeitados e repelidos. Assim também são as fugas, que, a determinada altura, já não são mais aceitas, pois atingiram o limite imposto pela Evolução. Se houver persistência, o ser é envolvido em situações fora de seu controle, caracterizando certo

Os Protótipos Humanos 51

determinismo, forçando-o a atuar de forma consciente diante dos problemas. Isso é a expiação, o que vulgarmente se chama de "armadilhas do destino". O despertar da consciência ocorre somente quando começamos a dialogar com o nosso EU. Esse diálogo é como entrar pela primeira vez, sozinho, em uma caverna escura. Para vencer o medo da escuridão, temos de adquirir confiança em nós mesmos e procurar um EU até então desconhecido, que vivia apartado de nossa realidade. Iniciamos o diálogo com perguntas de autorreconhecimento: – Quem sou Eu? De onde vim? Para onde vou? –, que são as chaves que abrem as primeiras portas da consciência, as primeiras que conseguimos visualizar, pois muitas outras permanecerão ocultas e fora de nossa percepção comum. As demais portas somente serão abertas à medida que formos compreendendo algumas verdades. A Verdade é uma só, integral, mas para os seres humanos ela ainda é parcial, fragmentada em pequenas verdades. Nas concepções religiosas, Deus é uma Verdade integral, da qual temos apenas noções e intuições, uma realidade que ainda não temos capacidade de compreender em sua totalidade. Nossa relação com a natureza e com o universo é semelhante: só entendemos na medida em que as informações encontram eco, o momento propício para serem reveladas, como se fosse um parto de compreensão. O momento propício é a nossa maturidade intelectual e emocional. Então, a busca de Verdade é uma forma de desenvolvimento da consciência, que acontece quando entramos em um processo de conflito entre o EU exterior e o EU interior. Ora estamos voltados para as coisas do mundo interior, ora para as coisas do exterior, numa luta dialética constante, na qual, em alguns momentos, encontramos pontos de equilíbrio. Nesses pontos é que ocorrem as revelações. Estas não são a causa das mudanças que se operam em nós, mas alavancas que concretizam uma transformação que já havia sido iniciada. Este é o motivo pelo qual muitas pessoas, mesmo tendo contato direto com os fenômenos, não são afetadas pelas revelações. São frutos ainda verdes e insensíveis. Outros, já um pouco mais interessados, mas ainda imaturos, quando sofrem um amadurecimento forçado, mostram-se aparentemente transformados e preparados para satisfazer ao apetite da Verdade, mas, por dentro, conservam-se sem o sabor essencial. A revelação não ocorre somente no campo religioso; ela é, antes de tudo, filosófica e também científica. A revelação mística que transformou o jovem príncipe Sidarta Gautama em um velho Buddha é a mesma que transformou o jovem Newton em um ícone da física moderna. Einstein deixou um testemunho escrito de que sua teoria da relatividade e compreensão da mecânica do universo foi produto de um sonho, que, segundo ele, foi tão real quanto estar participando de um filme simultaneamente como ator e espectador.

O Bem e o Mal

O mal existe de forma intensa em nosso meio, predomina em nosso psiquismo e, consequentemente, retorna para o ambiente em que vivemos. O círculo é vicioso. A causa principal dessa tendência é a ignorância das leis universais e o materialismo, ou seja, a negação da imortalidade e da vida espiritual futura. Esse bloqueio impede o entendimento da diferença entre existir e viver e restringe a perspectiva humana a seus limites objetivos e biológicos. A negação da vivência psicológica e da subjetividade espiritual enfatiza o mal na sua experiência, dando a impressão inversa de que o bem é uma utopia, muitas vezes fora de cogitação. É desse desvio do ponto de vista que surgem conceitos como "os fins justificam os meios".

Somente a maturidade, adquirida pelas múltiplas vivências, é que desperta o senso de justiça e a substituição gradual do mal pelo bem. Essa substituição acontece silenciosamente nos bastidores da consciência individual, nas inúmeras experiências, simples ou marcantes, negativas ou positivas, nas quais o ser adquire novas formas de pensamento, de sentimentos e de atitudes. O livre-arbítrio passa a ser utilizado com maior grau de responsabilidade e as pessoas começam a perceber que trazem consigo não somente o instinto de sobrevivência biológica, mas um algo mais, uma equação existencial para ser solucionada em curto espaço de tempo.

Uma existência de apenas 70 anos deixa de ser uma simples fonte de satisfação de prazeres da carne e dos vícios mentais e torna-se um veículo de realizações para o despertar de novos desafios íntimos. Uma enorme sensação de insatisfação passa a ocupar o mundo íntimo dessas pessoas e suas cogitações sobre o tempo e as conquistas mudam totalmente de rumo, caso elas decidam realmente mergulhar em si próprias. Do contrário, frustram-se.

O que fazer para evitar essa predisposição que temos em valorizar mais as coisas negativas do que as positivas? Como mudar a crença de que o mal é sempre mais forte do que o bem? Estaríamos sendo incoerentes e hipócritas, em um mundo hostil como a Terra, ao negar o mal e cultivar poeticamente o bem?

A Crise do Homem Animal

Estamos vivendo um grave momento histórico da humanidade. Momento de crises e transições, de mudanças nunca antes registradas em nossa memória social. Mas é também uma reflexão sobre as transformações pelas quais passou a espécie humana nesses milênios que antecederam a era atual. É a trajetória histórica do *homo sapiens-sapiens* até o Homem Globalizado, um ser em profunda crise existencial que vislumbra em seu futuro o *homo spirituale*, equilibrado e integral, mas que ainda sofre com a presença forte do Homem Animal, instintivo, defensivo e agressivo. É, portanto, uma reflexão sobre as transformações do mundo humano interior, já que essa trajetória tem sido a busca de nós mesmos, do nosso EU. Nesses milênios, em várias etapas, tivemos necessidade constante de mudar de posição, de opinião, de conceitos e, principalmente, de valores que não satisfaziam mais ao nosso jeito de ser. Tivemos de realizar reformas interiores – mudanças de pensamentos, sentimentos e atitudes – em incontáveis momentos e ainda continuamos realizando. A diferença é que agora podemos fazê-las de maneira consciente, sem pressões ou traumas.

A transformação interior sempre foi tema obrigatório na maioria dos segmentos religiosos, mas quase sempre tratado como utopia. Aqueles que provavam o contrário, logo foram mitificados ou santificados, como forma de manter distante a ideia de mudança. Hoje, livres das imposições dogmáticas das religiões tradicionais e da rigidez das ciências do comportamento, o homem passa por uma crise existencial sem precedentes, porém, possui múltiplas alternativas para derrotar um ser velho que ainda agoniza em seu íntimo e impede o nascimento de um ser novo. Mais experiente e mais sensível ao semelhante, embora o sistema o obrigue a agir ao contrário, não vê mais o outro como um concorrente, mas um companheiro de jornada. Sua insatisfação não tem como única saída a autodestruição lenta das frustrações nem a busca de uma autorrealização egoísta; percebe aos poucos que a cooperação abre também inúmeras possibilidades de realização e que a sua felicidade só pode ser atingida à medida que a coletividade ao seu redor também se sinta feliz. Essas ideias ainda estão muito cruas em seu psiquismo; é preciso amadurecê-las com muita prática e desprendimento, para evitar o que aconteceu no passado: as grandes descobertas espirituais estacionaram no terreno da admiração e viraram poesia. Colocar em prática novos ensinamentos é muito complicado e exige muita disciplina.

Sobre isso, há uma história muito interessante ocorrida na Grécia antiga. Ouvimos essa narrativa pela primeira vez em uma obra de Monteiro Lobato, contada por Dona Benta a Pedrinho, Narizinho e Emília.

Durante os jogos olímpicos, a rivalidade entre Esparta e Atenas não se restringia apenas às provas atléticas. Conta-se que, em uma delas, as arquibancadas do ginásio estavam lotadas: de um lado, os espartanos; do outro, os atenienses. De repente, surge um ancião ateniense à procura de lugar para sentar. Anda de um lado para o outro e desanima ante a indiferença de seus conterrâneos. Do outro lado, os espartanos, indignados, movimentam-se e convidam o ancião ateniense para ocupar o melhor e mais confortável lugar do lado em que estavam. Envergonhados com a gafe, os atenienses aplaudem em massa o gesto dos rivais espartanos. Estes reagem com silêncio e indiferença. Alguns comentam lacônicos e decepcionados: "Admiram, mas não praticam..."

Esses conhecimentos aqui reunidos são para todos aqueles

Os Protótipos Humanos

que, como nós, sempre acharam que os atenienses eram modelos de educação e cultura e que os espartanos eram apenas exemplos de ignorância e brutalidade. Puro preconceito. Das rochas mais duras é capaz de sair belíssimos diamantes, lapidados pela coragem e pela disciplina. Como não somos atenienses senão nas aparências, sejamos autênticos como os espartanos, que eram realmente muito brutos e muitas vezes cruéis, mas muito sinceros e honestos consigo mesmos.

Como bem sabemos, Adão e Eva são apenas narrativas simbólicas da liberdade de escolha, da responsabilidade individual das ações humanas e da humanidade diferenciada da espécie mais primitiva da qual todos nós descendemos. Segundo a mais antiga tradição hebraica, a Cabala (Qabbalah) ou "transmissão", Adão significa exatamente isto: Homem Universal, Reino Hominal. Eva ou Aisha quer dizer coletividade feminina, faculdade volitiva eficiente que forma com Adão um só ser, ou seja, a humanidade. Esta seria simbolicamente a matriz que gerou a raça-mãe da espécie humana.

O homem, tal qual conhecemos hoje, e que a ciência denomina *homo sapiens-sapiens*, apareceu na Terra há cerca de 35 mil anos. Já era um tipo mais desenvolvido mentalmente e habilidoso em suas ações práticas; moralmente ou espiritualmente, já era dotado de livre-arbítrio e responsável por seus atos, na proporção de seus recursos mentais e do ambiente em que vivia. Esse ambiente pré-histórico, marcado por forte hostilidade exterior, por constante e perigosa luta pela sobrevivência, influiu muito para construir em nosso mundo íntimo uma constante sensação de ameaça, típica das feras que permanecem em vigília de defesa e ataque. Essa sensação de ameaça transformou-se em egoísmo profundamente enraizado, necessário inicialmente à manutenção da integridade física e psicológica de quem dava os primeiros passos na liberdade de escolha. Este era o binômio Adão e Eva, expulsos do paraíso da infância e da ingenuidade para o mundo hostil da consciência, do suor frio do rosto causado pelo medo, pela insegurança, pela incerteza do amanhã. Adão e Eva representam o *homo sapiens-sapiens* dotado de inteligência rústica, mas já insatisfeito consigo mesmo e inquieto em relação às coisas que aconteciam ao seu redor.

Na verdade, esse homem-fera é o produto de uma longa transformação existencial, impossível de mensurar pelos nossos registros históricos. Nele encontramos traços nítidos do reino animal, sobretudo o instinto, o principal mecanismo de defesa e orientação. A maioria das reações humanas ainda é muito influenciada pelo instinto, pela agressividade e até mesmo pela violência. Essa herança recente do reino animal se manifesta de maneira espontânea e ainda causa surpresa, pois, muitas vezes, não acreditamos nem aceitamos o fato de que agimos como os animais. Tentamos ocultar essas manifestações com disfarces sociais (roupas, perfumes, ensino, tecnologia, clubes, esportes, política etc.), mas, quando somos contrariados em nossos interesses mais íntimos, logo somos traídos pela força instintiva. Assim tem sido na esfera dos negócios, do sexo, da alimentação, do trabalho, enfim, em tudo que envolve o nosso relacionamento com o outro. Nós nos surpreendemos tendo esse comportamento instintivo e, muitas vezes, ficamos chocados, decepcionados e com remorso. Se isso ocorre, e já não é tão raro, é um bom sinal, uma prova de que existe uma fronteira bem definida entre o Homem Animal e o Homem Racional, uma espécie ainda em construção, uma continuidade do *homo sapiens-sapiens*. Para muitas pessoas – diga-se milhões –, esta é uma realidade ainda muito distante. Muitos ainda não sentiram essa desagradável, mas benéfica, decepção e, portanto, estão satisfeitos com a vida que levam. Isso é normal, em termos de coletividade, mas individualmente é uma fase passageira, incompatível com a Lei de Evolução que rege toda a natureza. Nessa fase, é-nos permitido estacionar por algum tempo, também por exercício de livre-arbítrio, até que uma situação de crise, uma decepção mais contundente mude esse estado de acomodação. Aqui já dá para perceber que as crises são muito importantes para garantir o sentido básico da existência: a transformação. Sem transformação não há dinâmica, que é o motor da vida, tornando-a monótona, sem rumo, sem problemas, sem busca de soluções, sem inteligência, sem experiência e, portanto, sem vivência. A vivência é a inteligência integral ou plena do Homem Racional. O Homem Animal ainda possui inteligência parcial e fragmentada; nele, as vivências do pensamento, da ação e do sentimento ainda são desequilibradas entre

Os Protótipos Humanos

si. Dependendo de sua experiência, o Homem Animal se detém mais no pensamento (razão), na ação (pragmatismo) ou no sentimento (emoções); esse desequilíbrio geralmente se manifesta nos sentimentos, que é uma espécie de termômetro emocional do nosso EU. No Homem Racional, essas vivências funcionam integralmente, equilibradas entre si.

O Fim do Mundo e os Novos Tempos

A ansiedade, ou medo do desconhecido, e o vazio que sentimos no peito constantemente nos levam a momentos de solidão e, não raro, de depressão. Esta tem sido a rotina de milhões de seres humanos nesta passagem do século XX para o XXI, do segundo para o terceiro milênio. A depressão, o sintoma mais conhecido desse desconforto psicológico que sentimos no mundo atual – porque já é mais aceito socialmente como doença –, é chamada de "o mal do século". Levou muito tempo para que a medicina reconhecesse a depressão como doença. Isso gerou lucro para a indústria das drogas e dos vícios, custando muitos sofrimentos e suicídios, até que houvesse sensibilidade para interpretar também a doença como um mal da alma e não somente do corpo. Segundo estimativa da Organização Mundial da Saúde (OMS), a partir do ano 2000 aconteceria, anualmente, um milhão de suicídios no mundo. A média anual de casos subiu 60% entre 1950 e 1985. Outro dado interessante é que o Leste europeu é a região recordista. Coincidência ou não, esta foi a área do Ocidente mais atingida pelo materialismo dos regimes socialistas e, de acordo com a Associação Mundial de Psiquiatria, acredita-se que essa grande incidência de casos esteja relacionada à falta de perspectiva após a dissolução da União Soviética. Outro grande recordista de suicídios é a China (195 mil por ano). A OMS estima que ocorram todos os anos, no mundo, entre 10 e 20 milhões de tentativas de suicídio. Esta é uma das principais causas de morte entre as pessoas de 15 a 35 anos na maior parte do globo. São estatísticas frias e assustadoras de um problema que esconde aflições humanas inimagináveis. Sem contar que muitos casos de suicídios são omitidos ou mascarados, porque são considerados vergonhosos por familiares e amigos das vítimas. Há também de se considerar os suicídios indiretos, representados pelo uso e abuso de bebidas alcoólicas, fumo, remédios, entorpecentes, alimentação tóxica e extravagante, incluindo a prática de esportes perigosos e a vida estressante da atualidade.

Tempos difíceis... Fim dos tempos... Tempos de grandes mudanças... Tempestades do fim do século e do milênio. Como se percebe, outro assunto muito comum nos dias atuais é o tempo. Conversamos, questionamos, duvidamos, demonstramos temor e preocupação com o tempo que está passando e que não volta mais. Hoje, comenta-se que o tempo passa bem mais rápido que antigamente: o dia, a semana, o ano e as décadas acabam sem que a gente perceba. Muitos reclamam que a velhice chegou ou está chegando bem mais rápido e que agora não podem mais tomar as decisões que deveriam.

"O tempo passa, o tempo voa..."

A música da antiga propaganda de poupança, veiculada em estações de rádio e TV na década de 1980, que utilizava o ditado popular para alertar sobre a necessidade de nos precaver para o futuro, ainda está viva em nossa memória. Mas a instituição financeira que anunciava esse alerta desapareceu em meio ao furacão da especulação financeira.

Temos a impressão de que tudo o que acontece ao nosso redor está relacionado ao tempo que vivemos ou que deixamos de viver. Até a moda da globalização, mais uma ideologia que propriamente uma realidade econômica, diz que o tempo está cada vez mais veloz e que o homem não está conseguindo acompanhar essa velocidade. Segundo essa ideologia, corremos o risco de nos afogarmos no mar da ignorância tecnológica. Mas alguns críticos dessa nova onda acham que o maior risco é nos afogarmos no mar do egoísmo e da competição desigual. A Nova Ordem é não perder mais tempo; não só o tempo-capital do "tempo é dinheiro!", mas o tempo-existencial: "O que poderá acontecer comigo? Estaremos salvos?"

Também é fato que, nas últimas décadas, a nossa memória parece estar um pouco confusa: temos dificuldade de estabelecer uma relação de equilíbrio entre o passado e o presente. Quando esse desequilíbrio se torna insuportável, passamos a cultivar excessivamente o passado ou o futuro. De um lado, a nostalgia, o culto "ao que eu fui" – ou ao que eu queria ter sido, ou ao que eu deveria ter sido –; de outro, a ideologia, o culto "ao que eu quero ser" – ou ao que eu quero que seja ou que deva ser. Essa preocupação com o tempo não é novidade na cultura humana. O tempo sempre foi objeto de dúvidas do ser humano, porque está diretamente relacionado ao sentido de orientação existencial, de tempo e espaço. Quando fazemos perguntas do tipo "Quem sou, de onde vim, para onde vou?", estamos simplesmente tentando entender os mistérios do tempo. Hoje nos sentimos confusos em relação a ele porque há motivos para isso. Realmente, há certa confusão no que diz respeito às transformações que estão ocorrendo não só na sociedade, mas, principalmente, na visão que estamos tendo sobre o mundo. Visão de mundo é ponto de vista individual. É uma comparação que sempre fazemos entre o que ocorre no mundo íntimo com o que acontece no mundo exterior. É uma comparação de valores. É lógico que nessa confusão de valores aparecem também muitas manipulações das nossas dúvidas e dos medos, decorrentes da instabilidade emocional que se instala em nosso íntimo nesses momentos.

O tempo realmente é muito relativo, não tem nada de absoluto. Em outros mundos, outras realidades, ele parece mesmo não existir, porque é percebido de outras maneiras, passa de maneiras diferentes, de acordo com a inteligência e a autopercepção de quem observa. No plano espiritual, segundo relatos dos Espíritos, o tempo não é igual ao dos mundos materiais como o nosso. Na Terra o tempo é cíclico, porque está condicionado ao processo biológico de nascimento, vida e morte do corpo. Nas dimensões espirituais não há esse limite biológico e o tempo é percebido de modo completamente diferente. Uma forma mais fácil de entender isso é observar como os indígenas compreendem o tempo; para eles, o tempo é a natureza em seu eterno ciclo de renovação. Vejamos como o índio Ailton Krenak nos explica a visão de mundo de seu povo:

60   Dalmo Duque dos Santos

O homem branco olha uma montanha e vê a riqueza que ela esconde: o ouro, a bauxita... Meus parentes olham a mesma montanha e procuram ver se ela está alegre ou triste, feliz ou ameaçadora. Essa mesma cultura (dos brancos), essa mesma tradição, que transforma a natureza em coisa, ela transforma os eventos em datas, tem antes e depois. Data tudo, tem velho e tem novo. Velho é algo que você joga fora, descarta; o novo é algo que você explora, usa. Não existe nem antes nem depois se observarmos um rio. Ele é, existe e está passando. O mesmo acontece em relação ao mundo: todo momento, todo instante é a criação do mundo.

O Tempo e a Morte

Como explicar a nossa relação tão enigmática com o tempo? Sabemos que só os seres humanos têm consciência do tempo, pois temos a faculdade da razão. Então, por que tanta preocupação?

Temos medo de o tempo acabar. Mas acabar em que sentido? O que temos a perder, se o tempo passar? Ficaremos velhos, desatualizados, desiludidos? Perderemos as oportunidades? Mas que tipo de oportunidades?

São preocupações justificáveis, mas elas ocultam algo mais do que obstáculos materiais. Se essa preocupação fosse apenas com as coisas materiais, como muitos acreditam, teríamos, com certeza, os meios de solucionar tais problemas, pela própria experiência histórica da humanidade. Mas a questão é outra: o medo que sentimos de o tempo passar é muito mais complexo do que simplesmente imaginar o futuro de nossa existência física; a própria morte física seria a solução: morreu e acabou – simples! Mas a questão é que não nos satisfazemos e não aceitamos a ideia da morte como uma coisa comum, um simples fechar de olhos. Tanto para os homens antigos como para os homens atuais, a morte continua sendo um problema de grande vulto, um enigma. Progredimos muito pouco nesse terreno; afinal, temos o instinto animal de conservação em pleno funcionamento e não podemos aceitar com facilidade que o nosso corpo vai parar de funcionar, degradar-se e com ele a nossa consciência.

Os Protótipos Humanos

Philippe Ariès, conhecido historiador e estudioso das atitudes perante a morte, confirma essa ideia quando compara tais atitudes em várias épocas. Para ele, o homem fez várias tentativas de aceitação da morte. Na Antiguidade, a morte foi "domesticada", tornando-se próxima dos hábitos familiares; não existia o medo da morte ou dos mortos. Na Idade Média, ocorre a satanização da morte, instala-se o medo e este, através do imaginário macabro, torna-se uma necessidade, inclusive teológica, para justificar a não aceitação. Na Idade Moderna, há a erotização da morte, uma atração doentia misturada com pudor: o homem não consegue olhar de frente nem o sol nem a morte; ela está muito associada à sexualidade. Na sociedade industrial, a partir do século XIX, a morte volta a ser negada, tornando-se uma força selvagem, incompreensível. O medo torna-se fobia: é o medo de ser enterrado vivo, a ameaça de uma morte aparente. Atualmente, segundo Ariès:

> A morte recuou e trocou a casa pelo hospital: está ausente do mundo familiar do dia a dia. O homem de hoje, em consequência de não a ver suficientes vezes de perto, esqueceu-a: ela tornou-se selvagem, a despeito do aparelho científico que a envolve, perturba mais o hospital, lugar de razão e de técnica, do que o quarto da casa, sede dos hábitos da vida cotidiana.[2]

A maioria das filosofias e religiões ainda trata a morte como tragédia. Poucas, geralmente as orientais, possuem a serenidade sem ceder aos impulsos emocionais e à rejeição que os adeptos têm por esse limite biológico. Entram no jogo socioemocional – mesmo porque existem interesses e conveniências funcionais envolvidas – e acabam se rendendo às tradições sociais do ritualismo funerário. Muitas famílias, em momentos de desespero, não conseguem se livrar das pressões e acabam permitindo que essa tradição ritualística e sacerdotal se perpetue.

Mas, como temos bom senso, devemos refletir: para morrer, temos de nascer. Na verdade, sabemos que não fomos criados

---

2 ARIÈS, Philippe. *Sobre a história da morte no ocidente*: da Idade Média aos nossos dias. 2. ed. Lisboa: Teorema, 1989.

no momento do nascimento físico da vida atual: renascemos, ou seja, existíamos antes de nascer com o corpo atual. Isso não é crença; é uma convicção que trazemos conosco do berço; é uma fé natural, tão natural quanto a Lei da Reencarnação. E não pode ser um comportamento aprendido culturalmente, porque até os selvagens mais primitivos possuem essa noção, incluindo o sentimento da existência de Deus. A crença é a soma de informações doutrinárias que satisfazem ao nosso intelecto e funcionam como defesa de nossas opiniões dogmáticas; estas podem oscilar segundo as circunstâncias; a fé é diferente: é vivencial, é a soma da certeza com a confiança. Nesse caso, o que tememos propriamente não é a morte em si, mas as consequências dela, o que vem depois. A morte é um fato biológico irreversível; são as suas implicações que geram ansiedade, preocupação. É um episódio terminal e fatal, porque se esgota a energia vital, extraída provisoriamente do fluido universal. Essa extração, ou empréstimo, que fazemos da natureza cósmica para a formação e animação do nosso corpo, é como se fosse uma cota que varia de organismo para organismo, segundo as necessidades fisiológicas e psicológicas do espírito que vai animá-lo.

O Tempo Pessoal

O certo é que cada um de nós tem um tempo pessoal – um começo, um meio e um fim – que precisa ser equacionado na existência atual. Cada individualidade tem um arquivo mental, onde guarda a soma das experiências acumuladas em sua evolução. Esse arquivo assemelha-se a uma casa de três andares: no subterrâneo, temos o Inconsciente (o passado), onde guardamos os acontecimentos do passado, de outras vidas; no térreo, temos o Consciente (o presente), onde registramos as experiências atuais, da vida presente; no andar de cima, o Superconsciente, onde vislumbramos os acontecimentos futuros, pela intuição, aspirações e desejos. A concentração nesses compartimentos da mente, bem como o acesso às suas informações, seja pela lembrança, consciência ou presciência, varia segundo o grau de capacidade mental de cada ser. Quando brotamos na carne, parece que já trazemos no Inconsciente uma equação do tempo que teremos no ciclo biológico do corpo físico que vamos utilizar e também a pré-noção de que não viemos viver à toa, ao acaso, sem finalidade. Todos trazemos um compromisso particular registrado no Inconsciente, uma sensação de que há um sentido, um "destino" a ser cumprido. Sabemos que vamos passar por um ciclo biológico e também cumprir um ciclo psicológico.

A ideia de tempo pessoal, da emergência desses conflitos íntimos, é também muito antiga e vem sendo explorada há séculos pela classe sacerdotal. O renomado historiador Hilário Franco Jr. nos conta que, na Idade Média, a Igreja Católica se confundia institucionalmente com o próprio sistema de produção vigente, o feudalismo. Como era a única instituição social organizada, manipulava com muita facilidade a mentalidade das pessoas, utilizando basicamente dois mecanismos: o medo e a noção de tempo. Medo da perdição e tempo para a salvação. Como nos ciclos biológicos, tudo tinha começo, meio e fim. Dessa forma, demarcava-se simbolicamente o tempo para controlar toda a sociedade. Assim, o tempo histórico era demarcado entre a Gênese (Criação), o Nascimento de Jesus (Salvação) e o Apocalipse (Julgamento do Final dos Tempos). Já o tempo pessoal era demarcado pelo batismo (nascimento), crisma e casamento (vida) e a extrema unção (morte). O tempo social era demarcado pelos dias santos e pelas festas religiosas. O tempo político era para fazer a Guerra Santa ou a Trégua de Deus. Esse controle se efetivava por meio do monopólio da comunicação com Deus. Como Deus era um enigma, abstrato e oculto, só podia ser revelado por meio dos mistérios. Estes só podiam ser compreendidos pelos símbolos, que, por sua vez, só podiam ser decifrados e acessados por dogmas e rituais, os quais só podiam ser realizados pelos únicos especialistas na leitura das coisas sobrenaturais: o clero e seus sacerdotes. Tal poder veio se perpetuando, a ponto de o clero se tornar o primeiro Estado nos países absolutistas dos tempos modernos. Ninguém podia quebrar essa regra temporal ou contestar esse controle estamental. Caso isso ocorresse, o sistema acionava suas defesas: a delação através da confissão, a prisão, a tortura e julgamento pela Santa Inquisição e, finalmente, a morte na fogueira. Ao matar o corpo com o fogo purificador, salvava-se a alma da perdição no inferno. É por esse motivo que os suicidas não podiam ser enterrados em cemitérios da Igreja, chamados "campos santos". Eles eram símbolos da perdição, pois cederam às tentações do demônio e fracassaram em sua salvação. Essa descrição histórica mostra muito bem como a nossa mentalidade religiosa veio sendo estruturada e manipulada durante séculos. Esse mesmo tipo de manipulação era aplicado aos escravos no Brasil colonial. Muitos se suicidavam na esperança de voltar para a África, que, para eles, representava a liberdade e o fim da opressão. Os feitores descobriram um meio de barrar esse prejuízo para os seus senhores: degolava-se o escravo que havia cometido suicídio e expunha-se o corpo, sem a cabeça, para mostrar aos mais supersticiosos que o escravo realmente voltaria para a África, mas sem cabeça.

Quem conseguiu demolir gradualmente esse aparato terrivelmente manipulador foram homens de muita coragem, como Martinho Lutero, Jan Hus e Allan Kardec, no terreno religioso. No campo da economia e da política, os iluministas anticlericais que inspiraram a Revolução Francesa.

No século XIX, época do surgimento das ciências e das contestações, outros demolidores das falsas verdades e tradições interesseiras entraram em cena: Charles Darwin mostrou que a evolução biológica também é uma lei de Deus e que Adão e Eva eram apenas símbolos da humanidade em evolução, da passagem da pré-história para a história, do caos para a civilização. Marx demonstrou que a economia era o principal motor dos acontecimentos em nosso plano e que a história do mundo era a história da exploração do homem pelo próprio homem. Sigmund Freud decifrou e revelou os segredos da mente humana, separando-a definitivamente do cérebro físico e, com a psicanálise, deu novos rumos ao autoconhecimento. Quando pessoas como Lutero, Hus, os iluministas, Kardec, Darwin, Marx e Freud manifestaram suas ideias, cada qual pensando em um aspecto da vida (religião, biologia, sociologia, psicologia etc.), estavam também equacionando seus tempos pessoais, suas existências. Eram seres insatisfeitos consigo mesmos e com o mundo em que viviam; não toleravam mais explicações simplis-

Os Protótipos Humanos 65

tas, superficiais e vazias para perguntas tão complexas, profundas e densas. Demoliram não só essas explicações retardadas, mas criaram uma nova visão de mundo, aliás, ainda hoje muito incompreendida e levada ao extremo por outros interesses. No século XIX, o mundo já sentia o início do abalo do materialismo que iria predominar no século seguinte. Muitas ideologias, como o romantismo, o nacionalismo, o liberalismo e mesmo o socialismo, seriam utilizadas sistematicamente para justificar as desigualdades sociais, para exploração da miséria nas colônias e, finalmente, como força destruidora nas duas guerras mundiais. Ideologias que poderiam construir um futuro promissor e pacífico deram vazão às paixões individualistas e aos recalques das massas bestializadas pela política. Nesses conflitos, incluindo as revoluções locais, estima-se que mais de 100 milhões de vidas humanas tenham sido sacrificadas.

A Nova Ordem Mundial

O que está acontecendo nesta mudança de século e de milênio tem muito a ver com o que aconteceu no final do século XIX e também no final de milênios passados. Os valores vigentes entram em crise e passam a sofrer assaltos incontroláveis do pensamento e das tendências socioeconômicas, sempre muito poderosas. Na segunda metade do século XIX, esse poder vinha do capital industrial, que tinha como inimigo o baixo poder de consumo da barbárie dos "povos inferiores" (o fardo do homem branco). A guerra seria a única forma de garantir a expansão do capital e da civilização a ele atrelada. Em nosso tempo, esse poder é promovido pelo capital financeiro ou especulativo, um jogo da mundialização dos mercados representados pelas bolsas de valores, muito semelhantes aos cassinos. É a "globalização" que dita tendências e regras de comportamento no mercado e na sociedade, influenciando todos os demais setores, sobretudo a política. É, sem dúvida, um dos aspectos da simbólica besta do Apocalipse. Existe uma "pressão" deliberada e violenta para que as pessoas aceitem que o mundo é uma "aldeia global", não no sentido comunitário, pacífico e cooperativista, mas no sentido desagregador, agressivo e competitivo. Querem que acreditemos que a tecnologia é o novo sentido da vida e que a comunicação será a salvação mundo. Há, em pleno curso, uma espécie de propaganda socializada em discursos de que no futuro só existirão dois tipos de pessoas: os tecnocidadãos, que falam múltiplos idiomas e dominam múltiplas tecnologias, e os tecnoescravos, os que permanecerão tecnologicamente analfabetos, que se "recusaram" a evoluir na pluralidade cultural, pois não se "esforçaram" para compreender a Nova Economia. Há um pouco de verdade nessa história, mas encontramos aí um discurso muito suspeito, típico dos mesmos "progressistas" que levaram o mundo aos destruidores conflitos mundiais de 1914 e 1939. Nosso tempo é também uma época muito propícia para os falsos profetas. Tanto os gurus religiosos do fundamentalismo, do mentalismo oriental e do esoterismo quanto os *experts* em *marketing* e comunicação se apropriam de teorias muito atraentes e convincentes e se transformam em modernos mercadores do templo. Estes são os principais agentes da propaganda da globalização. O forte das vendas nesse mercado ideológico são velhos produtos com novas embalagens: a "salvação e prosperidade" protestante-calvinista, os artigos místicos e os jogos do destino (tarôs, búzios, mapa astral etc.) e o mais "novíssimo e sofisticado" produto da psicologia varejista: a autoajuda.

O Espelho de Narciso

Na mitologia grega, Narciso, filho do deus Cefiso e da ninfa Liríope, era famoso por sua beleza. O adivinho Tirésias havia vaticinado à sua mãe que o jovem teria vida longa, desde que nunca contemplasse a própria figura. Tendo Narciso rejeitado o amor da ninfa Eco, desencadeou contra si a vingança dos deuses. Ao se aproximar de uma fonte para beber água, apaixonou-se pela própria imagem, ficando em contemplação até consumir-se. A flor conhecida por seu nome nasceu no lugar onde ele morrera. Em outra versão, Narciso, a fim de consolar-se da perda de sua irmã gêmea, contemplou-se na fonte para revê-la em sua própria imagem.

Os Protótipos Humanos

Esse cenário da aldeia global é o mundo no qual agoniza o Homem Narciso, o supremo adorador do "ego". Nessa mudança de século e de milênio, apesar de a abundância de conhecimentos científicos e tecnológicos, esse homem, ainda muito marcado pelo egocentrismo, continua em estado de crise. Analisando os relatos sobre o mito grego de Narciso, vejamos se eles não nos dizem respeito. Que beleza está-se cultivando hoje, senão a beleza física e exterior, como disfarce de nossa feiura interna, que negamos o tempo todo, e que fingimos ser a nossa verdadeira imagem? Quem de nós se sente satisfeito quando aparece em uma fotografia ou imagem de vídeo doméstico? Quem de nós pode dizer que se aceita tal qual é? Quem de nós, humanos atuais, não se apaixona por sua própria imagem, ou seja, pela imagem que fantasiamos e idealizamos em nós? Quem, senão nós mesmos, consome-se até as raias da loucura e dos desatinos, persistindo em negar o "eu" verdadeiro e real?

Hoje, somos constantemente bombardeados por um volume crescente de informações e, por isso, deveríamos estar tranquilos e serenos; afinal, sempre aprendemos que informação é conhecimento e que conhecimento é poder. Pelo contrário, ficamos cada vez mais perdidos e intranquilos, pois percebemos que sofremos da "síndrome de Sócrates": quanto mais sabemos, mais nos agoniamos, porque nos convencemos de que não sabemos nada. Isso ocorre exatamente porque o que nos é cobrado e oferecido com muita abundância é o conhecimento intelectual e exterior e este não preenche nossas necessidades íntimas. Para nos sentir um pouco mais satisfeitos, teríamos de buscar aquilo que Sócrates procurou e vivenciou sobre a verdadeira fonte do conhecimento: "Conhece-te a ti mesmo!"

Nessa sociedade "narcisista" e "globalizada", estamos muito mais vulneráveis do que quando habitávamos as cavernas e nos preocupávamos somente com a comida e a proteção contra o clima hostil. Hoje, estamos preocupados com a comida, com a moradia e todas as despesas que ela gera, com o emprego, com a aposentadoria, com a estabilidade, enfim, com o futuro, e continuamos insatisfeitos.

Antes, a nossa agonia era um amanhã de curto prazo, das horas próximas do dia seguinte. Hoje, pensamos e sofremos com mais intensidade, porque pensamos ansiosamente em longo prazo, nas horas e dias dos anos seguintes.

Pensar no futuro deve ser algo muito normal para seres que atingiram um nível satisfatório de paz interior. Estes devem, com certeza, ver o futuro com otimismo, com ansiedade positiva de quem espera novas oportunidades e desafios benéficos. Sofremos excessivamente por coisas que ainda não aconteceram e, agir ao contrário, é para nós um exercício muito difícil. Quando nos damos conta, estamos sofrendo os efeitos corrosivos do medo, da ansiedade, da preocupação exagerada, causando danos sérios à nossa saúde física e mental.

Mas porque temos estado tão preocupados e ansiosos? Será que nesses instantes realmente estamos dando importância aos acontecimentos em si ou ao futuro? Se isso é um comportamento natural, por que somos constantemente colocados à prova ou expiação nessas situações? Se fosse natural, não haveria necessidade de provas e elas estão aí a nos desafiar o tempo inteiro.

Só há uma explicação razoável: a preocupação é, na verdade, com a nossa autoimagem, com as aparências. Preocupamo-nos excessivamente com o que os outros vão pensar e isso causa danos à nossa personalidade, ao nosso modo de ser e de agir.

Quando nos preocupamos com as aparências, é porque estamos nos olhando em um espelho imaginário, no qual observamos apenas as coisas que aceitamos em nós ou aquelas que gostaríamos de ser. Dessa forma, negamos o nosso "eu" real e somente cultivamos, irrefletidamente, o "eu" ideal. Essa diferença, que são as nossas contradições pessoais, é que impedem que estejamos calmos e serenos.

Os Protótipos Humanos 69

O ser e a consciência

A Consciência é o governo do Universo. É ela quem reina e comanda a Vida, em todos os planos e dimensões que formam o Infinito. Nada escapa à sua Onisciência e Onipresença, através das leis que regulam a natureza, provavelmente em todos os lugares e mundos.

Quando percebemos essa verdade em nós, iniciamos imediatamente o processo de gestão de nossas existências. Passamos a administrar os rumos que tomam as nossas vidas. Somos pequenas consciências criadas à imagem e semelhança de uma Consciência maior, que rege as coisas e alimenta todas as necessidades. Somos microcosmos de uma realidade macrocósmica.

Em nós existem, em pleno funcionamento, todas as dinâmicas e rítmicas que acontecem nos múltiplos esteios do Cosmos. Carregamos em nós todos os seus elementos vitais: energia, tempo, ciclos, pulsações, compassos, circunstâncias, pensamentos, emoções, vontades, escolhas, decisões e as tramas do destino. Tudo isso é o Reino da Vida, que existe dentro e fora de nós simultaneamente.

Não é por outro motivo que somos, a todo instante, impulsionados pela necessidade de dominar e controlar as inúmeras forças que se movimentam ao nosso redor. Vivemos incomodados, em perturbação física e psíquica, tentando acalmar o turbilhão de inquietações íntimas e também exteriores.

Como no mito de Hércules, trazemos gravados na memória espiritual os sinais de nossas origens metafísicas. Temos como ideal de futuro compromissos inadiáveis, semelhantes aos Doze Trabalhos do célebre herói da mitologia grega, cuja realização representa as equações das coisas que precisamos compreender e colocar em prática. Muitos enigmas ainda terão de ser decifrados. Não é por outra causa que vivemos constantemente insatisfeitos, em busca das coisas que consideramos inexplicáveis e incompreensíveis. Por isso, constantemente queremos mudar as que estão prontas e acabadas e resolver os problemas que estão, desde sempre, solucionados. Queremos ser deuses, dominar consciências, direcionar destinos alheios e contrariar a ordem natural. Enfim, queremos engolir toda a água dos oceanos e respirar toda a poeira cósmica espalhada pelo espaço. E ainda assim continuamos entediados, insaciáveis, querendo governar o mundo, porém fugindo sempre da necessidade de governar a nós mesmos.

Este tem sido o nosso dilema central, esquecendo-nos de que perigoso não é morrer e, sim, viver. Este tem sido o nosso "ser ou não ser", o drama de todas as consciências, a história de todas as criaturas e dos eternos mistérios da Vida.

Mas a consciência que herdamos do universo tem sido a ferramenta principal de nossas tarefas, a bússola que vem nos guiando desde as mais rudes experiências dos reinos físicos até o nosso recente ingresso no reino psíquico. Ela é o meio que certamente nos conduzirá ao fim, que é o nosso encontro ou mergulho definitivo na Consciência Plena. Ela não é mero efeito do acaso existencial, mas o produto de uma longa jornada evolutiva pela qual passam os seres vivos, em incontáveis experiências nos pacientes laboratórios da natureza. E a parcela de consciência humana, na escala infinita da trajetória cósmica, talvez seja apenas um dos inúmeros estágios desse grande percurso.

Ainda assim, ela não dá saltos e, sim, queima as etapas de um complexo processo de percepção da realidade:

Primeiro momento: a consciência critica a realidade. Não são todas as mentes que possuem capacidade crítica para realizar questionamentos, fazer comparações, estabelecer nexo sobre as coisas. Quem ingressa nessa primeira fase já está abandonando a alienação instintiva, dando os primeiros passos na intuição e penetrando na caverna do mundo interior.

Segundo momento: a consciência apreende a realidade.

Os Protótipos Humanos
71

Essa apreensão é a busca da verdade por meio da reflexão sobre os questionamentos. É a formação do pensamento.

Terceiro momento: a consciência significa a realidade. As reflexões são transformadas em códigos abstratos e estes precisam ser comparados de forma analógica com a realidade exterior. Essa comparação têm implicações emocionais.

Quarto momento: a consciência projeta a realidade. Os signos, significados e significações representam o esforço empreendido para definir e conceituar as coisas que estão ao nosso redor. As emoções se manifestam em forma de sentimentos.

Quinto momento: a consciência compreende a realidade. De posse de conceitos e definições, voltamo-nos novamente para o mundo interior. Ocorre a mudança de pensamento. O real não é compatível com o ideal, gerando incongruências. Se estivermos satisfeitos, acomodamo-nos em situação de conforto emocional e desinteresse intelectual. Se insatisfeitos, continuamos a nossa busca até que a compreensão seja plena.

Sexto momento: a consciência age sobre a realidade. A persistência da insatisfação cria uma dinâmica de crises sucessivas. A mudança de pensamento vem acompanhada de emoções e sentimentos em vias de transformação.

Sétimo momento: a consciência transforma a realidade. A compreensão plena só acontece quando cessa a insatisfação e, consequentemente, a busca. Ocorreu a mudança de pensamento e também de sentimentos. As emoções decorrentes são harmoniosas. A idealidade foi transformada em realidade, até que surja uma nova crise.

Conhecimento e Verdade

O conhecimento é a única porta de acesso à Verdade. Sem ele é praticamente impossível evoluir e a recusa ao seu acesso é um gesto de rebeldia e indiferença às leis do universo. Quando aceitamos o conhecimento, reconhecemos que precisamos progredir intelectualmente e nos transformar moralmente, atitude que significa lucidez e sensatez, ou seja, luz e bom senso. Significa, também, comprometimento, já que a posse do conhecimento nos torna responsáveis pelas implicações dessas informações, seja no plano individual, seja em sociedade. Quando recusamos o conhecimento, negamos a necessidade de progredir e bloqueamos nosso amadurecimento mental e moral. Sofremos, quase sempre, as consequências negativas desse gesto, geralmente um sentimento de culpa e uma sensação de impotência diante das situações difíceis e desafiadoras.

Mas as circunstâncias sempre insistem e renovam constantemente as possibilidades de acesso à Verdade. Essas oportunidades são praticamente inesgotáveis, mesmo quando estamos mergulhados em graves dificuldades pessoais e profissionais. Esta é a essência da luz do conhecimento.

Assim como são verdadeiras as cores do arco-íris e inegáveis as sonoridades das notas musicais, coincidência ou não, sete também são os tipos de conhecimentos manifestados na experiência humana:

Conhecimento mágico (descoberta instintiva): os seres primitivos, ainda muito influenciados pelo instinto animal, descobrem de maneira mágica e infantil os fenômenos e recursos da natureza (era pré-histórica).

Conhecimento empírico: adquirido pelo esforço da experiência prática. Exemplo: o mecânico, quando busca solução para conserto ou construção de uma máquina; o lavrador, quando desenvolve uma variedade de sementes (era agrícola).

Conhecimento revelado (transcendente): adquirido através das manifestações paranormais. Exemplo: as revelações religiosas históricas da Bíblia, do budismo etc. (era teológica).

Conhecimento lógico-racional (relação de causa e efeito): adquirido pela observação repetitiva dos fenômenos. Exemplo: os cientistas, quando estudam os fenômenos da natureza no ambiente ou no laboratório (era da razão).

Conhecimento experimental: obtido pela observação sistemática e metodológica da pesquisa científica – tese, antítese e síntese (era industrial; era positiva).

Conhecimento intuitivo: domínio do Superconsciente e das inteligências voltadas para os problemas subjetivos, interiores e espirituais (era psicológica ou mental).

A inter-relação desses conhecimentos é que forma o con-

Os Protótipos Humanos
73

junto de conceitos que temos sobre as coisas, isto é, a definição mais próxima que temos da Verdade. Quanto mais distante da Verdade for o conhecimento, mais ele se manifesta como preconceito, isto é, algo não definido, falso e mal formulado. Em sua formação mental e social, o ser humano desenvolve valores para o exercício do juízo nas escolhas e decisões. É nesse percurso que desenvolvemos, também, os preconceitos mais comuns: raça, cor, sexo, origem, classe, profissão, religião, opinião, comportamento, gosto, condição pessoal etc. Muitos são adquiridos de forma inconsciente e, por isso, manifestam-se também de forma inconsciente, sem o nosso controle. Qualquer situação ou atitude que se choca com os nossos valores desperta uma reação de defesa em forma de preconceito.

A distinção entre preconceito e conceito geralmente é obtida pela postura crítica (capacidade de observância e percepção), distinguindo o que é essencial do que é superficial. Isso só não acontece quando nos sentimos ameaçados ou quando aplicamos uma análise crítica da situação. Mas a postura crítica não ocorre somente no terreno lógico-racional (causa e efeito ou tese, antítese e síntese), como também no plano emocional, pois é nele que estão gravados os preconceitos mais graves, onde nossas rejeições se manifestam de forma mais agressiva, ainda que camufladas. Nesse caso, o caminho mais seguro para evitar ataques inconsequentes é a autocrítica e o autoconhecimento. Quando deixamos nossa emoção avaliar determinadas situações, invariavelmente emitimos julgamentos (gosto ou não gosto) e, consequentemente, condenamos ou absolvemos de acordo com os nossos valores, que nem sempre são os mais corretos. Criticar os outros é incorrer no risco de um julgamento superficial e na projeção equivocada de nossos limites e defeitos; portanto, é preferível sempre aceitar. E aceitar não significa concordar nem aplaudir, mas simplesmente não julgar. Esta foi a experiência que os grandes sábios se esforçaram para ensinar aos seres humanos: a ideia de Vida Plena, ou seja, a aquisição de graus mais elevados de consciência e felicidade. Nas reflexões e exemplos desses sábios de todos os tempos encontramos preciosos antídotos contra os preconceitos, quase sempre identificados nos personagens ou nas situações por eles relatadas.

O ser e o destino

Qualquer que seja a duração de vossa vida, ela é completa. Sua utilidade não reside na duração, e sim no emprego que lhe dais. Há quem viveu muito e não viveu. Meditai sobre isso enquanto o podeis fazer, pois depende de vós, e não do número de anos, terdes vivido bastante. Imagináveis então nunca chegardes ao ponto para o qual vos dirigíeis? Haverá caminho que não tenha fim?[1]

Hércules era filho de Zeus e Alcmena, rainha de Tirinto. A deusa Hera, esposa de Zeus, tentou frustrar o seu nascimento, mas somente conseguiu impedir que Hércules se convertesse em rei de Tirinto retardando sua vinda ao mundo, até que nascesse outro menino, que herdou o trono. Hércules nasceu, mas na condição de escravo. Precocemente se manifestou a sua natureza semidivina. Hera enviou duas serpentes ao seu berço, mas o bebê as estrangulou. Desde muito cedo aprendeu as artes marciais. Ninguém podia se opor à lança nem à flecha de Hércules, que também era um lutador sobressalente. Hera não estava disposta a perder e, no momento culminante do triunfo de Hércules, provocou-lhe um ataque de loucura. No meio de sua aterradora amnésia, o herói matou a esposa e os filhos. Incapaz de recobrar a tranquilidade de espírito, depois de cometer esse crime espantoso, Hércules consultou o oráculo de Apolo em Delfos. Este lhe respondeu que fosse a Tirinto e acatasse as ordens do rei Euristeu. O herói obedeceu e o monarca fez com

---

1 MONTAIGNE, Michel de. *Ensaios*. São Paulo: Martins Fontes, 2000/2001.

que ele executasse uma série de tarefas, conhecidas como "Os Doze Trabalhos de Hércules". Algumas das tarefas eram simples, outras complexas, que se articulavam entre si e os destinos de outras pessoas, uma verdadeira trama existencial.

Cada uma das doze tarefas foi sendo executada por Hércules de acordo com as circunstâncias, conveniências e limites de sua força física e moral. Algumas ele cumpriu corretamente e com relativa facilidade; em outras, teve grandes dificuldades e as realizou por meio de artifícios ardilosos, o que agravava seus débitos. Quando pensava que havia completado totalmente uma tarefa, decepcionava-se, porque via diante de si algo semelhante ao que não havia concluído satisfatoriamente. Então, revoltava-se e cometia novos erros. Finalmente, Hércules defrontou-se com o décimo segundo trabalho, que era tirar Cérbero, o cão de três cabeças, dos infernos. Ao finalizar com êxito essa tarefa, o herói venceu Hades, rei dos mortos, e se tornou imortal.

Mas Hércules ainda tinha de viver parte da vida e sofreu novos ataques de Hera. Ela seduziu Djanira, a segunda esposa do herói, que o envenenou, acreditando que lhe dava um remédio.

Transpondo esse relato mitológico para a esfera da interpretação objetiva, teremos uma compreensão mais significativa do mito.

Hércules simboliza o Ser Consciente, "filho" de Deus, criado simples e ignorante; a perfeição relativa.

Hera simboliza o destino, o Programa Existencial da individualidade, a sua constante busca do tempo futuro e, ao mesmo tempo, a raiz de nossos compromissos com o passado, o carma e o imperativo da Lei de Ação e Reação.

O rei Euristeu representa a sua Consciência e o Dever com compromissos e responsabilidades assumidos na preexistência.

Os Doze Trabalhos representam a história e o jogo das circunstâncias no dia a dia e o uso do livre-arbítrio, a síntese da evolução espiritual humana, composta pelas provas (obstáculos, seduções) e expiações (resgates de dívidas). Mas a história é muito mais do que o relato de acontecimentos, coisas, lugares e pessoas que viveram no passado. Na verdade, ela tem muito mais a ver com o futuro e com os fatos que atualmente afetam bem de perto as nossas vidas. Ela é uma sucessão lógica de acontecimentos no tempo e no espaço, encadeados em tramas individuais e coletivas, produto de ações e reações geradas pelas atitudes humanas. No grande tempo de longa duração da história, cada um de nós possui um fragmento pessoal de realidade, um tempo individual e um cenário para atuação, delimitados pelo ciclo biológico do corpo e pelas circunstâncias sociais nas quais nos envolvemos. O tempo existencial a ser equacionado varia de pessoa para pessoa, mas, em média, dura entre 70 e 80 anos, o suficiente para realização de experiências necessárias ao nosso padrão moral e de inteligência.

Existe na Natureza Divina uma relação proporcional entre macrocosmos e microcosmos, como se constata na relação natural entre a semente e a árvore. Assim como o ser humano é o microcosmos e o Criador é o Macrocosmos, o corpo físico é o microcosmos e o universo e o Macrocosmos, podemos dizer que o dia está para a Existência assim como a Existência está para a Eternidade. As experiências que realizamos nos segundos e minutos são simulações e treinamentos para unidades maiores e sucessivas do tempo existencial e vivencial. É nos inúmeros minutos que aprendemos e realizamos as coisas importantes do dia. É nos múltiplos dias que entendemos as coisas importantes da existência. É nas diversas existências que compreendemos as coisas essenciais da vivência ou da Eternidade.

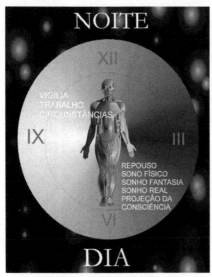

O Relógio Existencial possui quatro momentos que coincidem perfeitamente com as fases do ciclo biológico do corpo. Ele é a exteriorização da Bússola Eterna da Consciência. Enquanto o Relógio Existencial funciona no tempo absoluto, em sentido horário, medido por horas, dias, anos, até o limite da morte física, a Bússola Consciencial fun-

Os Protótipos Humanos 77

ciona no sentido inverso da introspecção, medida nos graus do tempo relativo, sem limites. Um marca a extroversão do ser no plano objetivo; a outra marca a sua introspecção no plano subjetivo da mente. Um define o *status quo* da encarnação biológica; a outra aponta o rumo da ressurreição psicológica.

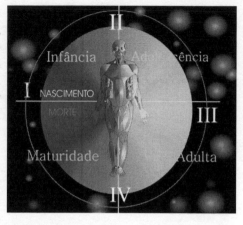

No tempo de uma existência na carne, o Relógio Existencial e a Bússola Consciencial se interpenetram e formam um terceiro marcador, que é o ciclo Dia-e-Noite, de 24 horas divididas também em quatros momentos, nos quais ora estamos em atividade biológica, ora em atividade psicológica, seja em vigília, seja durante o sono. O Dia-e-Noite é a síntese e a transição do tempo absoluto do corpo biológico existencial para o tempo relativo da consciência e da eternidade. É no ciclo Dia-e-Noite que realizamos as experiências fundamentais para o desenvolvimento mais amplo da mente em seus três campos vivenciais – o Pensamento, a Ação e o Sentimento.

Em cada fase de nosso tempo pessoal diário acontecem pequenos fatos corriqueiros, importantes para a pequena mente existencial limitada pelo cérebro, mas também os fatos essenciais, muito significativos para a mente maior, da consciência e da Vida. Esses fatos nos estimulam a pensar, agir e sentir as experiências e cada uma dessas operações se desenvolve na medida em que o corpo amplia a sua manifestação no meio ambiente. Nossas existências se resumem a um mecanismo constante de fazer escolhas e tomar decisões, desde a mais simples, como tomar um copo de água, até as mais complexas, que causam grandes desgastes emocionais. Diante dos fatos, somos forçados a escolher, a tomar um dos caminhos que se abrem aos nossos olhos, seja recuo ou fuga. Toda escolha gera uma experiência e esta

 desencadeia em nós um irreversível processo de transformação mental, mesmo quando não aceitamos as consequências da escolha que fizemos; podemos até ficar estacionados em determinada situação, mas já fomos afetados pela mudança. É isso que se chama "erraticidade", uma situação de expectativa e ansiedade na qual o ser foi atingido pela necessidade de mudança, mas ainda não compreendeu o que se passa com ele e fica adiando ou planejando uma nova experiência.

Tudo indica que existimos em um campo universal de atuação onde estamos sujeitos a leis que fogem ao nosso controle individual. Leis como a de Ação e Reação e a de Evolução, só para citar as mais conhecidas, estabelecem limites em nossas escolhas. Possuímos o livre-arbítrio, mas, na maioria dos casos, ele está limitado a determinadas ações. Isso parece absurdo, mas a lógica desse limite está em uma ordem maior que impede que as nossas decisões causem desequilíbrios além dos parâmetros da normalidade. Entendemos, então, que o livre-arbítrio é uma faculdade proporcional ao grau de maturidade do ser. Em sua fase humana e individualista, em mundos materiais imperfeitos, naturalmente sofre as limitações necessárias à manutenção da ordem geral. Na Terra, ele ainda é o veículo do egoísmo e do personalismo, daí os distúrbios mentais que o aprisionam temporariamente como efeito dos abusos. Em mundos mais perfeitos, sua manifestação provavelmente se amplia, porque o ser age no sentido do bem-estar da coletividade. Alguns autores chegam a especular que o livre-arbítrio se torna uma faculdade desnecessária quando o ser se integra perfeitamente na harmonia universal e passa a cooperar em graus cada vez mais complexos da Criação Divina.

Em nosso caso, as escolhas ainda são muito afetadas pelas provas e expiações. Não podemos avançar em determinadas linhas de opção, porque criamos obstáculos de ação que somente podem ser ultrapassados quando dali forem removidos os entulhos gerados por nossos gestos de destruição. São naturalmente entulhos mentais, experiências negativas antigas que nos prendem à condição estacionária da erraticidade, onde podemos tanto fazer escolhas, cometer erros, como repetir experiências para reaprender com os fracassos. Aqui se vê claramente o limite entre o livre-arbítrio e o determinismo. Na erraticidade, escolhemos com clareza e convicção, porque estamos conscientes da situação e operamos com a mente maior. Quando encarnados, estaremos operando subjetivamente com a mente reduzida, sem memória objetiva. Seremos "atraídos" e "empurrados" para situações em que as escolhas e decisões sofrem as influências naturais dos acontecimentos. Poderemos recuar e desviar dos nossos caminhos, mas, ainda assim, teremos de suportar a sedução das circunstâncias ou o imperativo das reações "cármicas".

Dessa forma, estamos ainda mergulhados no plano da Existência, restrito, incompleto, parcial e confuso, por causa da multiplicidade de existências e personalidades. Nele estamos construindo parcialmente o nosso Eu, a nossa história, participando com o nosso tempo individual, interagindo com a família, a cidade, o país e a humanidade. Mas, em um plano mais amplo, que é a Vida Integral, estamos atrelados a um destino, que é um caminho ideal. Ainda não possuímos maturidade emocional e inteligência suficientes para fugir desse destino e exercer com plenitude o livre-arbítrio. Por isso, diante das crises existenciais, sempre nos colocamos e nos sentimos divididos entre a probabilidade e a fatalidade, entre a relatividade do tempo metafísico e o absolutismo do tempo físico e biológico. Enfim, estamos entre a liberdade e o limite. A primeira somente deixará de ser um ideal quando o segundo deixar de ser real. Quando nos livrarmos desses limites, teremos uma sensação real de liberdade, sem angústia nem ansiedade. O tempo será apenas uma sensação realizadora, sem interferência incômoda do passado e sem medo do futuro. O passado não será mais nostalgia, o presente não será fantasia nem o futuro será visto como ideologia. Quando tudo isso for superado, estaremos passando das múltiplas Existências para a Vida única. Isso é o que os Seres Superiores chamam de Felicidade ou Plenitude, uma realidade comum nos mundos mais perfeitos e que na Terra é inconstante e só ocorre em alguns momentos. A nossa atual perspectiva de felicidade, relativa e parcial, tem uma razão de ser; tem a ver com o nosso estado de espírito, que também flutua na perfeição relativa ou potencial de perfectibilidade. Ainda não possuímos maturidade suficiente para sermos felizes. Essa questão é bem fácil de entender, mas nem sempre é fácil de compreender: se fôssemos transportados ao mundo onde a felicidade plena é uma realidade coletiva, não suportaríamos tal situação, por causa da interferência dos conflitos íntimos que não foram solucionados e que ainda nos causam instabilidade emocional. Pensamos que é fácil viver em um mundo feliz, quando ainda não nos sentimos felizes. O processo natural é bem diferente e altamente dialético. Para atingir a felicidade integral, temos de nos adaptar gradualmente por meio do desmonte dos conflitos e dos efeitos emocionais negativos que eles nos causam. Em resumo, a regra é a seguinte: temos de aprender a ser felizes nas situações de infelicidade. É como aprender a respirar dentro da água. No começo, nos debatemos aflitos, agoniados, nos contorcendo em desespero. Depois, percebemos que não é possível lutar contra a natureza; paramos de tentar respirar bruscamente, nos acalmamos, observamos o que se passa ao nosso redor; não conseguimos respirar, mas já vislumbramos, por alguns segundos, a paisagem que nos parecia hostil e para a qual não abríamos os olhos. Com o tempo, aumentamos os períodos em que prendemos a respiração e exercitamos a calma e a paciência. Esta é, de forma análoga, a chave da passagem das Existências para a Vida, da História para o Destino, da Fatalidade para a Probabilidade, da Encarnação para a Ressurreição, do Reino Animal Biológico para o Reino Hominal Psicológico, do Reino de César para o Reino de Deus e, finalmente, da alienação para a Consciência.

Essa é uma temática que podemos entender facilmente, mesmo porque as filosofias espiritualistas explicam tais questões com muita didática e objetividade. Mas resta o problema da compreensão. Nem tudo que entendemos objetivamente com o intelecto repercute com clareza no mundo íntimo da subjetividade e que é o verdadeiro universo da experiência. Uma coisa é a teoria, outra coisa é a prática. É um conceito tão antigo que hoje soa aos ouvidos mais exigentes como um "chavão", um "clichê", gasto pelo uso retórico, mas que continua tendo seu significado de verdade filosófica. Como diz a música: "Não adianta fingir nem mentir pra si mesmo...". Podemos até estacionar para discutir milhares de aspectos que as nossas doutrinas oferecem sobre a Vida e o universo. Podemos permanecer por longos períodos tentando solucionar problemas do mundo fenomenal, que já "estão desde sempre solucionados por Deus", aos quais basta aplicar o raciocínio. Já entendemos o fenômeno da morte biológica, já solucionamos o problema objetivo da imortalidade. Esse enigma de Tomé já foi solucionado por diversos pesquisadores da alma, através da ciência e da tecnologia sensitiva do entendimento das leis naturais. Mas ainda falta compreender o enigma de Nicodemos, que é o fenômeno da morte do Espírito. Esse enigma, os mestres também decifraram, não para nós, mas para eles mesmos. Deixaram pistas de suas experiências pessoais, mas não puderam ir muito além, pois o mundo interior de cada um deles é diferente do nosso, tem o seu próprio caminho a percorrer. O contato teórico com essas verdades básicas são os primeiros passos para entender o problema, mas a compreensão depende do mergulho psicológico no enigma. No aspecto teórico, entendemos perfeitamente o problema do ser, do destino e da dor. Mas isso ainda deixa um vácuo, uma sensação de vazio de compreensão emocional.

A verdadeira inteligência não é o raciocínio, mas a capacidade de fazer escolhas. Muitas vezes, pessoas pouco inteligentes do ponto de vista racional fazem escolhas certas usando a intuição. Já algumas pessoas tidas como inteligentes frequentemente desprezam a intuição, usam a razão, acreditando estar seguras em suas decisões, para mergulharem em grandes fracassos. Pior: não aceitam as consequências de suas decisões e agravam os efeitos de suas ações. A arte da escolha – talvez seja esse o segredo do livre-arbítrio, de suas possibilidades e limites.

Portanto, a evolução espiritual do ser humano é impulsionada pelo livre-arbítrio, cuja regra universal é: "A semeadura é livre, mas a colheita é obrigatória".

Durante a nossa evolução em mundos inferiores, a maioria de nossas experiências se realiza no campo do mal e da imperfeição, o que é normal até certo ponto, pois é a fase de defesa e sobrevivência no meio hostil. O bem e a perfeição aparecem lentamente, quando passamos a ter percepção de nós mesmos como ser semelhante ao outro. O limite do livre-arbítrio é a nossa capacidade de distinguir o bem e o mal. Quando ultrapassamos esse limite, esbarramos na Lei de Causa e Efeito (Ação e Reação) e temos de assumir responsabilidades por nossos atos.

As responsabilidades e os choques de retorno geralmente nos levam a duas atitudes e caminhos: estagnação, por orgulho ferido e revolta; progresso, por humildade e resignação.

Segundo as escolas espiritualistas clássicas, a predominância do mal em nosso planeta é devido à concentração de seres rebeldes e reincidentes no erro, a maioria em situação de provas e expiações. As ações maléficas de alta destruição acontecem por afinidade e conúbio psíquico de seres muito inteligentes, porém, sociopatas, de sentimentos doentes, que não aceitam seus choques de retorno e não se conformam com o fracasso de suas provas, revoltando-se com as expiações que sofrem na Terra. Disso surgiu, provavelmente, o mito de Satã (anjos caídos). Mesmo assim, no plano coletivo, essas ações são úteis no despertamento para o bem e para a regeneração, por meio do resgate de dívidas cármicas.

O ódio e a revolta são as principais marcas do mal, que, em mundos como a Terra, torna-se ideologia de grupos organizados em atividade criminosas que fazem da vingança uma lei, pela violência e brutalidade. Para neutralizar essa força maléfica, não podemos jamais agir dentro de seu campo de ação e, sim, fugir de ações de conivência direta ou indireta com essas atividades, como exemplificaram Jesus em sua época e o Mahatma Gandhi nos tempos modernos. Deve-se, sempre, agir no oposto, no Amor, que é a Lei Universal mais ampla e superior. Mas, quase invariavelmente, temos a falsa impressão de que a Lei do Amor é utópica, ainda muito distante de nós, por causa de nossos hábitos e instintos animais. Todos esses conceitos superiores logo

Os Protótipos Humanos   83

desmoronam, quando caímos nas contradições do dia a dia, típicas de nossas imperfeições, advindo a descrença e a desconfiança em nossa capacidade de mudar a realidade interior e o mundo que nos cerca. Por isso, é necessário persistir para aprender a humildade, a mansuetude e o perdão, que são os caminhos mais acessíveis para praticarmos o Amor. A humildade é a ciência da confiança no tempo e na Justiça Divina; é saber esperar o momento certo em atitude de resignação. Não se trata de conformismo, covardia ou burrice, mas da sabedoria em recuar um passo, para depois dar muitos passos para frente. Na vida selvagem, encontramos exemplos belíssimos de humildade e sabedoria, quando pequenos animais se humilham, simulando estarem mortos, para desarmar os mais fortes que os perseguem. Todos que já passaram por essas experiências na vida humana afirmam que a mansuetude é o gesto humilde e também inteligente de desarmar a agressividade do outro. É o momento crítico em que, por exemplo, um homem tem de se tornar mulher, pois esta é uma inteligência típica do sexo feminino.

Como ensinado por um sábio espiritual: "A obediência é o consentimento da razão; a resignação é o consentimento do coração".[2]

Para as pessoas experientes nesse terreno, o perdão é a capacidade de esquecer as coisas más que nos atingem, até que possamos entender o que realmente está acontecendo, bem como as razões de quem praticou esse mal. Quem não esquece o mal, não consegue perdoar nem progredir. Muitas vezes, as pessoas que nos fizeram mal mudam e nós não mudamos, persistindo na ideia de ódio e vingança. Não devemos permanecer estáticos, achando que o tempo congelou para satisfazer aos nossos caprichos. Podemos ficar estacionados por algum tempo, em compasso de espera, mas sempre almejando e planejando alguma mudança no futuro.

---

2 KARDEC, Allan. *O Evangelho segundo o Espiritismo*. Rio de Janeiro: Federação Espírita Brasileira, 2002. Capítulo IX, item 8.

A consciência e a verdade

Aos quinze anos, minha inteligência se consagrava ao estudo. Aos trinta, mantinha-me firme. Aos quarenta, não tinha dúvidas. Aos cinquenta, conhecia os decretos do Céu. Aos sessenta, o meu ouvido era um órgão obediente para a recepção da verdade. Aos setenta, podia fazer o que me desejasse o coração sem transgredir o que era justo.

CONFÚCIO (Kongtzeu).

Duas coisas predominam em todo o universo: a Consciência – que é Deus e os seres criados à sua imagem e semelhança – e a Lei, que é a vontade de Deus governando os seres e a natureza. A Lei significa ordem, equilíbrio, harmonia. A Consciência significa inteligência, pensamento, ação, emoção, realização, autocontrole, responsabilidade e convivência. O contrário da Lei é o caos, o mal, a escuridão, o medo, a ignorância, a incerteza, a insegurança e o sofrimento. O contrário da Consciência é a alienação e a loucura.

Quando a Lei e a Consciência não se chocam e andam juntas, significam sempre o bem, a Luz, a fé, a confiança, a sabedoria, a resignação, a tranquilidade, a confiança e a felicidade. A união da Lei com a Consciência resulta no conhecimento gradual da Verdade. Quando conhecemos a Verdade, a nossa vida se transforma incessantemente. A Verdade total ainda está bem longe de nosso alcance: não temos maturidade para conhecê-la como um todo. Por isso, vamos conhecendo-a em partes. Se conhecêssemos a Verdade de uma só vez, entraríamos em desequilíbrio. Por isso, assim como as crianças, que aprendem a andar por si próprias, vamos dando passos lentos, até adquirirmos segurança para pisar nesse terreno, ainda tão assustador e inseguro.

Em várias épocas, Deus permitiu a manifestação, na Terra e em muitos outros mundos físicos, de seres sábios para mostrar a Verdade aos homens. Revelaram muitas coisas verdadeiras, mas não puderam apresentar tudo por completo. Krishna e Buddha na Índia, Zoroastro na Pérsia, Lao-tsé, Fo-Hi e Confúcio na China, Sócrates na Grécia, Moisés e Jesus na Palestina – todos eram legisladores morais e ampliadores da Consciência humana. Todos falavam da Lei e da necessidade de a praticarmos, desenvolvendo a Consciência. Krishna e Buddha ensinavam: "Amem os seres da natureza e controlem os desejos". Moisés alertava: "Respeitem a Deus, não matando e não roubando". Os mestres da China recomendavam: "Cultivem a paciência e a bondade". Zoroastro explicava a importância do livre-arbítrio, citando a luta constante entre o bem e o mal. Sócrates refletia: "Sei que nada sei" e recomendava: "Conhece-te a ti mesmo". Jesus pedia: "Sejam humildes, perdoem seus inimigos". Este, como o último grande sábio que se manifestou em nosso planeta, tinha plena consciência de sua responsabilidade e do momento histórico que estava inaugurando para a humanidade, conforme suas palavras registradas no Sermão da Montanha: "Não penseis que vim destruir a lei ou os profetas; não vim destruir, mas cumprir. Porque em verdade vos digo que, até que o céu e a terra passem, de modo nenhum passará da lei um só i ou um só til, até que tudo seja cumprido" (MATEUS, 5:17-18).

Quando falavam da Consciência, esses sábios convidavam todos para conhecer as maravilhas de nosso mundo interior, que uns chamavam de Nirvana, outros de Plenitude e ainda de Reino de Deus. Uma Consciência é a prova viva da existência de Deus, sua própria imagem e semelhança. A Consciência não pode jamais ignorar a Lei ou fugir de si mesma agredindo sua natureza espiritual divina. A Lei diz que somos todos iguais em Espírito, na origem, na raiz, que é a nossa Consciência. Somos diferentes no pensar, no agir e no sentir, porque temos a liberdade de escolha dos caminhos que vamos percorrer. Mas somos iguais naquilo que queremos atingir como finalidade. Nossas diferenças nunca devem servir de motivo de conflito e de violência. Pelo contrário, as diferenças existem para que pratiquemos a lei da convivência, conhecendo a Verdade única do Amor Universal. Por isso, Jesus ensinava: "Aquele que se humilhar será exaltado" (MATEUS, 23, 12). Ou seja, aquele que respeitar a simplicidade e a ignorância de seu semelhante será sempre maior, porque ficará com a consciência limpa e com o coração leve. Em sua experiência espiritual, Jesus dizia: "Vinde a mim todos os que estais cansados e sobrecarregados, e eu vos aliviarei. Tomai sobre vós o meu jugo e aprendei de mim, porque sou manso e humilde de coração; e achareis descanso para a vossa alma. Porque o meu jugo é suave, e meu fardo é leve" (MATEUS, 11:28-30).

Quem tem a consciência limpa pelo senso de justiça e o coração leve pela humildade, jamais sofre diante das dificuldades e das provas da Vida. Jesus conhecia plenamente essa realidade do mundo interior e ensinava: "Sejam inteligentes como as serpentes e simples como as pombas. A serpente é a necessidade de sobrevivência do corpo e a pomba, a salvação da alma" (MATEUS, 10:16).

A humildade é o segredo para estarmos sempre quites com a Lei e em paz com a nossa Consciência. Já o orgulho é a rebeldia, o egoísmo, a causa da manifestação de todos os nossos defeitos morais. Esses defeitos nos afastam da Lei, escurecem a nossa Consciência, nos tornam infelizes e derrotados. A humildade não é covardia. É preciso muita coragem e disposição para ser humilde. O orgulho é, sim, uma covardia, porque incentiva o ser humano a mentir para si mesmo. Quem é mais covarde: aquele que se enfrenta ou aquele que foge de si próprio?

A ciência humana desconhece as origens da Consciência. Opinam muitos pesquisadores, especulando que ela é produto da transformação dos organismos, vendo nisso somente o fenômeno visível e exterior. Não conseguem, portanto, estabelecer uma correta e clara relação de causa e efeito. Sabem que ela existe, pois carregam dentro de si essa prova viva, mas, contraditoriamente, não têm como prová-la objetivamente, segundo os paradigmas científicos que cultuam. Tanto a Consciência

Os Protótipos Humanos 87

como a Mente continuam sendo consideradas, nas academias materialistas, como uma crença. Até mesmo as clássicas experiências e teorias de Sigmund Freud são incluídas nesse rol. No entanto, ela aí está, seja como crença, seja como fato objetivo ou subjetivo, servindo sempre como referência no esforço para compreendermos e aceitarmos a realidade.

Como se percebe, este é o assunto que mais incomoda e fascina àqueles que sentem necessidade de explicar as coisas e, por isso, está presente em todas as atividades nas quais os seres humanos estão envolvidos. Basta consultar os dicionários para constatarmos a grande incidência de conceitos e circunstâncias em que a palavra "consciência" aparece como base nas definições filosóficas.

Mas uma coisa é certa: ela é a principal porta de acesso à Verdade que todos nós buscamos ansiosamente. Trata-se de um termômetro e, ao mesmo tempo, uma bússola que utilizamos para navegar no imenso oceano do Desconhecido.

A vida e as existências

Aqui repousa, entregue aos vermes, o corpo de Benjamin Franklin, impressor, como a capa de um velho livro cujas folhas foram arrancadas, e cujo título e douração se apagaram. Mas nem por isto a obra ficará perdida, pois, como acredito, reaparecerá em nova e melhor edição, revista e corrigida pelo autor.[1]

A humanidade vem se transformando desde os primórdios da pré-história, quando fomos adquirindo, gradualmente, os caracteres que nos diferenciam das raças primatas que deram origem à espécie humana em nosso planeta. E continua em franca transformação. Estamos vivendo uma época de crises e mudanças rápidas em todos os setores sociais. Nunca a história registrou tantas descobertas tecnológicas, tantas modificações de crenças e hábitos acontecendo em períodos de tempo tão curtos como nas últimas décadas. O século XX passou rapidamente sob os nossos olhos e tal foi a velocidade das mudanças nele registradas que ainda não nos demos conta de que a maioria de nós nasceu e viveu no intervalo de tempo secular mais curto já ocorrido na cultura ocidental. E não foi apenas uma simples impressão de quem viveu em um momento de transição. Na verdade, todos nós sentimos que o tempo veio se acelerando em velocidade espiral, provocando o desencadeamento de uma sucessão de rápidos acontecimentos. A sensação geral é a de que nossos corpos foram envelhecendo, enquanto a consciência

---

1 Epitáfio escrito por Benjamin Franklin e gravado em seu túmulo.

permanecia estática e pasma, observando como as coisas surgiam e desapareciam.

Este é o choque existencial de todos aqueles que cultuam a ideia da Imortalidade e sofrem as imposições do tempo biológico, que se esvai, indiferente, pelas veredas dos dias e das horas aparentemente perdidas. Mas o que realmente vem mudando: a Vida ou as nossas existências? Ao que tudo indica, o ser humano não adquiriu maturidade suficiente para compreender a Vida e, por isso, treina essa compreensão através das múltiplas existências. Quando observamos a Vida, o fazemos sempre de maneira deformada, fragmentada pelas limitações dos nossos cinco sentidos. A Vida e a Verdade são coisas idênticas, mas ainda não conseguimos superar a observação dos aspectos parciais de nossos interesses particulares. Para a maioria dos seres humanos, a Vida não passa de uma diversidade de pontos de vista e estamos bem distantes daquilo que se chama de realidade total e integral. Para compreendermos a Verdade total, usamos a ferramenta do ponto de vista; para a Vida, utilizamos as experiências existenciais, sejam de curto prazo, como os fatos cotidianos, sejam de prazos mais longos, como as existências programadas. As mudanças de ponto de vista serão constantes, até que cesse a relatividade de nossa compreensão das coisas; as existências também se sucedem, até que não haja necessidade de repetir experiências cuja essência já assimilamos. Todo mundo tem um problema existencial de referência principal para ser equacionado, cuja chave de resolução só pode ser aplicada em uma experiência real, chocante, impactante. Quando passamos por situações desse tipo, sofremos profundo trauma, tal a carga de realidade que elas provocam em nosso mundo íntimo. Por isso, é compreensível não termos maturidade intelectual nem emocional para suportar a carga de realismo que caracteriza a Vida e a Verdade. Se, em pequenas situações realistas, sofremos abalos dolorosos, imaginem se fôssemos mergulhados integralmente na Realidade Total: seria um desastre colossal, talvez uma segunda morte.

Outro fato que ajuda a compreender melhor a diferença entre "existir" e "viver" é a concepção que temos de felicidade. Dos momentos felizes que experimentamos nas existências, tiramos nossos pontos de vista sobre a felicidade. Se pudéssemos mergulhar na felicidade integral, também sofreríamos um impacto inimaginável, uma situação de êxtase, que, para nós, seria traumático e, ao mesmo tempo, desolador. Se fôssemos lançados em um mundo feliz, nos sentiríamos como peixes fora da água, tentando respirar em um ambiente que os nossos sentidos não conseguem assimilar.

A Verdade, a Vida e a Felicidade são estados de espírito que exigem grande soma de experiências em todos os sentidos, sendo necessários muitos pré-requisitos para que as coisas sejam integralmente compreendidas. É impossível atingir a Verdade se possuímos alguma deficiência de conhecimento racional e emocional. É impossível atingir a Felicidade se ainda carregamos deficiências nos sentimentos e emoções. É impossível, portanto, compreender a Vida se não conseguimos assimilar a lógica e a funcionalidade de pequenas engrenagens e tramas de nossas existências. Como compreender a Vida, se não compreendemos que a morte é uma transformação, se não assimilamos o que é a Imortalidade? Como compreender a Verdade, se ainda não nos sentimos à vontade para encarar situações verdadeiras, que nos deixam atordoados, sobretudo aquelas que se referem a nós? Como compreender a Felicidade, se ainda temos dificuldade de aceitar a felicidade alheia e de partilhar a nossa com os outros?

Realmente, a Vida é única e imutável; existe desde sempre, como Deus. O que muda é o viver e o existir, atributo dado pelo Criador às suas criaturas, para que um dia elas se reintegrem definitivamente na harmonia do universo e da Criação. Parafraseando Edgard Armond, um sábio instrutor espiritual contemporâneo: "Não vivemos para solucionar os problemas do Universo, porque estes já estão solucionados desde sempre por Deus. Nosso problema é a questão evolutiva, o desenvolvimento do eu individual".

Sendo uma só e sem interrupções, a Vida funciona sem as limitações do tempo, em um plano absoluto da Criação, que é o Eterno, o que sempre foi e sempre será. É o mundo das causas, no plano Absoluto ou Divino da Criação. Já as existências, como as criaturas, são múltiplas e, por isso, suas experiências são constantemente delimitadas e reguladas pelo tempo em um

Os Protótipos Humanos
91

plano relativo da Criação, que é o efêmero, o começo, o meio e o fim; nascimento, vida e morte. É o mundo dos efeitos, no plano relativo da manifestação. Seja nos mundos espirituais ou nos mundos materiais, cuja pluralidade cósmica é visível a olho nu, estamos sempre existindo, nascendo, morrendo e renascendo para a Vida Eterna, em constante movimento de descobertas e realizações. Portanto, não é somente o corpo que morre e volta na condição de energia para o fluido universal do qual foi extraído. O ser, de certa forma, também sofre a transformação da morte e renasce em sua própria natureza interior, para que aprenda a reconhecer em si a Imortalidade da qual é dotado. Por isso, "renascemos da carne e do Espírito", como disse Jesus em seu misterioso e inesquecível encontro com o sacerdote fariseu Nicodemos.

A principal marca existencial da espécie humana sempre foi a busca da autorrealização, de soluções para as constantes crises vivenciais. Somos essencialmente insatisfeitos, porque estamos em processo de formação espiritual. Ainda não temos consciência plena do significado da Vida e de nossas existências. A maioria dos seres humanos caminha em torno de um abismo, o nosso Ego, que nos impede de saltar dos limites de nossas existências para o terreno ilimitado da Vida. O abismo é tremendamente assustador e sua escuridão representa, para uns, o infinito; para outros, simplesmente o nada e o fim. Por isso, permanecemos divididos entre o ser e o não ser, uma dúvida também gerada pelo Ego e que sempre nos convida a recuar para o conforto do cordão umbilical. Temos medo de perder a individualidade que adquirimos recentemente, igual a uma criança que se apega egoisticamente a um brinquedo. Quando vislumbramos por alguns instantes as possibilidades do Infinito e do Eterno, logo perguntamos se vamos continuar sendo aquilo que somos hoje. Assim como tudo que é material se dissolve no oceano universal de átomos, elétrons e nêutrons, por acaso os seres também não serão dissolvidos no oceano da consciência divina? Diante da dúvida do ser e do não ser, de dar um passo para o incerto, de correr o risco, quase sempre nos voltamos para o aspecto mais instintivo do nosso EU e ali permanecemos isolados, numa espécie de autismo espiritual. Passar da existência para a Vida é saltar por cima desse abismo com a total confiança de que vamos encontrar aquilo que procuramos; é correr o risco de saltar no escuro. Nesse momento, ninguém pode fazer nada por nós, pois esta é uma experiência exclusiva que coloca em prova a nossa individualidade diante da Criação. É nesse salto no escuro, do tudo ou nada, que descobriremos se Deus existe ou não existe, se somos ou não somos. São as eternas escolhas e consequentes decisões que sempre temos de tomar por conta própria.

A nossa trajetória tem sido também a de transformação individual e adaptação no espaço e no tempo, impulsionados por uma lei maior que nos direciona ao encontro do Criador de nossas vidas. Esse percurso existencial, de autorreconhecimento, inicia-se nos reinos elementares (terra, água, ar, fogo) dos planos densos da matéria e continua nos planos das energias sutis, em condições que ainda desconhecemos, mas que deduzimos ser um efeito espiritual das experiências que realizamos hoje e no passado. Nessa longa jornada, a espécie humana se posiciona fisiologicamente como meio, uma transição entre a condição animal e o Espírito, que é o fim. O gênero humano seria, então, uma condição mutante entre os planos material e espiritual, evoluindo gradualmente em várias etapas de aprendizagem, desde os primeiros lampejos da razão até o domínio completo de suas mais sofisticadas potencialidades. Em cada uma dessas fases, desenvolvemos um modelo humano ideal a ser atingido, mas continuamos essencialmente incompletos e insatisfeitos, sempre à procura da plenitude da vida e da felicidade. Esse percurso de incontáveis milênios representa o admirável processo de verticalização do corpo existencial (o físico e o espiritual), que é a consciência, uma transição de nossas experiências no mundo exterior dos reinos elementares da matéria densa para o mundo interior do Reino de Deus, do Espírito. Nossa evolução espiritual vem acontecendo de maneira simultânea à espécie orgânica humana que nos abriga, até que ocorra a sua futura superação. Assim como superamos os nossos ancestrais símios, fomos também precedidos por inúmeras experiências orgânicas, permitidas pela combinação setenária dos quatro elementos (terra, ar, água e fogo) com os três reinos (vegetal, mineral e animal).

Os Protótipos Humanos

De forma semelhante ao processo de gestação humana, de apenas alguns meses, em nossa gestação anímica, de milhões de anos, dormimos no reino mineral, sonhamos no reino vegetal e finalmente acordamos no reino animal. O despertar desse longo sono acontece exatamente quando nos tornamos humanos, o último elo que nos liga aos reinos elementares. Isso vem acontecendo através de sucessivas crises, causando a transformação, muitas vezes violenta, do nosso universo interior, que no plano físico se manifesta por meio de dores e choques das mais diversas formas de vicissitudes.

Ao adquirir os cinco sentidos básicos do mundo material (tato, olfato, paladar, visão e audição), sabemos que nos falta algo – o sexto e o sétimo sentidos, que são os elos com o mundo espiritual. Simultaneamente, ao desenvolver as cinco inteligências básicas (linguística, lógico-matemática, espacial, cinestésico-corporal e musical) para solucionar problemas do mundo exterior, também sabemos que falta o complemento que integra todas elas e que nos torna aptos a compreender e solucionar os problemas do mundo interior. Daí a busca atual pelo aperfeiçoamento das duas inteligências pessoais: a interpessoal, que substitui a competição e estimula a cooperação e a harmonia com os outros seres, e a intrapessoal, que elimina as reações defensivas da luta da personalidade com a individualidade, promovendo a harmonia do "Eu real" com o "Eu ideal". Nesse mesmo processo, as três vivências básicas de nossa mente (pensamento, ação e sentimento), antes isoladas e em conflito entre si, agora se integram em seu funcionamento de experiências práticas com as experiências emocionais e intelectuais.

Para atingir esse grau de avanço e complexidade existencial, tivemos de passar por inúmeras provas e reprovas que só a pluralidade das existências pode explicar. Foram milênios de luta para superar inúmeros obstáculos e acumular grande soma de conhecimentos. Que outro sentido teria, então, a recomendação "sede perfeitos"? Poderíamos atingir a perfeição existindo uma só vez?

O Teatro do Ir e Vir

Em uma visão mais ampla da Vida, podemos definir a trajetória humana como a caminhada do homem em busca de si mesmo, em um processo de aprendizagem para reverter o olhar direcionado para o mundo exterior, das aparências, e redirecioná-lo para o mundo interior, real, do "conhece-te a ti mesmo". Olhar para si mesmo pode parecer apenas uma fórmula filosófica, mas não é uma tarefa simples e mecânica. Para nós, que ainda estamos mergulhados na infância espiritual, o mundo interno é um universo desconhecido e extremamente ameaçador. Trata-se de um território de aridez subjetiva onde enxergamos somente os incômodos problemas existenciais, que terão de ser solucionados, mais cedo ou mais tarde: os medos, as dúvidas, as incertezas, os traumas. Tudo aquilo de que sempre estamos fugindo ou sabemos que certamente teremos de enfrentar um dia permanece escondido em nosso mundo interno, à espera de atitudes e decisões. Para suportar essa situação de impasse, quase sempre usamos máscaras e simulações que nos protegem das situações constrangedoras que, geralmente, revelam o que somos na realidade. Daí o motivo pelo qual quase sempre estamos com os interesses voltados para o mundo exterior, dos fenômenos e das sensações, que é o palco de nossa atuação parcial, portanto, teatral da Vida. Se esse interesse pelo mundo exterior é o nosso vício, a nossa doença existencial, ele também é a nossa possibilidade de cura. É do veneno que se extrai o seu antídoto. É no mundo exterior que nos iludimos com as máscaras, mas também podemos interpretar com seriedade os mais variados papéis, treinando para a realidade total que ainda não temos coragem de enfrentar. Esta é a grande lição da natureza, a qual não se pode enganar por muito tempo. Em nossas farsantes encenações, fugimos aqui, cortamos caminho ali, mas acolá ela nos cerca e cobra o que lhe é de direito. Cada existência é um autoespetáculo no qual encarnamos um personagem que traz sempre em sua bagagem o conjunto de provas a que deve ser submetido; em cada ato, o personagem que escolhemos é testado no campo das competências, geralmente motivado por algum dano factual, sofrido em circunstância aparentemente casual. O dano sofrido é a força propulsora da renovação e peça fundamental da trama na qual estaremos inevitavelmente envolvidos; é a gota d'água.

É assim que, no enredo central de nossas existências, manifesta-se como característica marcante de nossas histórias pessoais a Lei da Polaridade. Ela é o principal agente regulador do equilíbrio da Vida e que, em nosso caso, dá o tom no qual teremos de nos harmonizar na prova existencial: riqueza ou pobreza, poder ou submissão, destaque ou anonimato, saúde ou doença, alegria ou tristeza, medo ou coragem, amor ou ódio, dinâmica ou tédio. Tudo isso compõe o interessante e progressivo jogo de circunstâncias entre a realização e a frustração. Nesse jogo natural da transformação dolorosa dos pontos fracos em pontos fortes, no qual atualmente entramos pela livre escolha, existe um limite de memória imposto pelo esquecimento provisório. A consciência da memória objetiva é suspensa para realização do teste de atuação. Não foi por acaso que os gregos associaram essas realidades à arte teatral e à sua riquíssima mitologia. Os teóricos da literatura também nunca deixaram de observar em seus estudos como os dramaturgos e comediantes combinam os elementos de suas tramas e estabelecem o enredo de suas obras. Antes de entrarmos em cena, escolhemos as provas a que seremos submetidos; porém, somos avisados de que, ao adentrarmos no palco, não mais nos lembraremos objetivamente dessas escolhas, sobretudo o dano factual que sofreremos, e que tais provas só terão validade no próprio campo de atuação. Esta é a regra básica do jogo. O palco ou campo de prova possui toda uma fenomenologia cenográfica composta de imagens aparentes, entrelaçadas pelas tramas do enredo da peça na qual ingressamos e na qual outros atores também estarão atuando em seus respectivos personagens. Para compreender a Vida em sua dimensão integral, os seres devem interagir entre si nas existências, para que ocorra uma soma de impressões parciais ou fragmentos de verdades de cada um rumo à compreensão total e única da Verdade. Nos cenários compostos de aparências e tramas situacionais, predomina a ideia de Ilusão, pela qual somos constantemente envolvidos e seduzidos. A sedução, a mesma que atrai a abelha para a magia das cores e o perfume da flor, é sempre útil e necessária como perpetuação das oportunidades e ferramenta de avaliação educativa. Ela se apresenta em várias situações de teste, nas quais temos de remover os obstáculos do percurso, tramas dos atos, até chegarmos ao epílogo do drama ou da comédia em que pedimos para atuar. É no epílogo que realizamos as escolhas essenciais, que serão computadas em nosso destino. Se superarmos os obstáculos, cuja tentação ilusória sempre se apresenta como uma possibilidade de fuga, seja pelo prazer ou pela busca de alívio de um sofrimento insuportável, ganhamos em nossa consciência valiosos aplausos ou pontos na experiência da Vida, créditos indispensáveis na lenta composição de nossa felicidade. Se fracassarmos, sentimos de imediato o choque da desilusão, um retorno ou efeito natural dos impulsos precipitados nos excessos cometidos durante a interpretação do papel. Mas a peça continua, pois as cenas vão se desenrolando e novos atores vão ingressando em novos atos existenciais. O que acaba é a nossa atuação em determinado ato, cujo tempo fora previamente estabelecido. Ficamos temporariamente de fora, nos bastidores, em planos de espera, analisando o que foi feito, de bom ou de ruim, e também planejando como poderemos reentrar em cena para corrigir as falhas de interpretação cometidas nos atos passados. E, assim que observamos alguma situação favorável, solicitamos ao Supremo Roteirista da Vida um novo personagem, dotado de um programa existencial mais adequado aos novos testes, que será novamente colocado em cena.

A Descoberta do Reino

Mas qual seria o significado de tudo isso que acabamos de refletir sobre as existências, a Vida, a Verdade e a Felicidade? Qual o sentido dessas diferenças, quase imperceptíveis para nós, seres comuns? Diríamos que é simplesmente reverter o nosso olhar do mundo exterior para o mundo interior. Falando assim, grosso modo, tem-se a impressão de que se trata de uma simples mudança no direcionamento de nossos interesses e atitudes, como se isso fosse algo banal e corriqueiro. No entanto, o percurso entre a realidade aparente do mundo exterior e a realidade essencial do mundo interior não acontece no intervalo da noite para o dia. É necessário que uma infinidade de existências se suceda no tempo biológico para que o ser humano possa realizar a mais importante de todas as descobertas. Esta foi a mais longa das experiências que realizamos, sempre com o impulso da sabedoria e experiência dos grandes mestres do mundo oculto.

Em todas as etapas da evolução humana, nas épocas cruciais de grandes transformações, surgiram no cenário carnal essas figuras incomuns, atores especiais, interpretando papéis extremamente contraditórios aos olhos da perspectiva mediana. São seres dotados de conhecimento extraordinário e sempre agem em direção contrária à da maioria dos atores, que são atraídos para suas magníficas atuações sobre os problemas do ser e do destino. Ao entrar em cena, logo se destacam como modelos irresistíveis de imitação, já que seus exemplos são representações vivas do tempo futuro, do ser ideal, de como deveríamos ser. Exercem sobre nós um fascínio e um encanto que ultrapassam os limites da perplexidade, e somos bruscamente deslocados da cômoda posição de expectadores, sentados espiritualmente, para um incômodo posicionamento, em pé, porém estáticos ou oscilantes, à espera da difícil atitude de dar o primeiro passo na direção que nos apontam. Paralisados pelo medo e pela dúvida, nem sempre confiamos nos convites que eles nos fazem para que os sigamos pelos caminhos misteriosos de um novo "estado de coisas". Quando ouvem falar pela primeira vez dessa nova realidade, a maioria dos seres humanos logo pensa na morte, a principal preocupação daqueles que ainda são governados pelas sensações do corpo físico. Para quem ainda não distingue o EU dos limites orgânicos, a morte é a única possibilidade de ingressar ou ser recusado no tempo futuro. Não é por outro motivo que os grandes mestres do Espírito, ao ensinarem os primeiros segredos do mundo oculto da individualidade, revelam antes a ideia primordial de Imortalidade. Primeiramente, eles removem de nossas mentes o receio da morte do corpo, mostrando que ela é apenas o fim da existência e não da Vida; somente depois de compreendermos essa primeira verdade, é que tocam no assunto da "morte" do Espírito, que é, na realidade, o autêntico significado da ressurreição da alma. Ao ouvir de Jesus que renascemos da carne e do Espírito, Nicodemos estava sendo duplamente iniciado no conhecimento da Imortalidade da alma: pelo renascimento exterior, em novo corpo, e na imortalidade do Espírito, renascimento interior, pela ressurreição. Ao mergulhar na carne, ingressamos em um novo ato existencial no qual vamos atuar e experimentar as lições vivenciais por meio de provas e expiações. É nessa nova experiência existencial, que pode e deve ser repetida quantas vezes for necessário, que despertamos ou ressurgimos para a Vida. O percurso entre uma existência e outra é sempre delimitado pela morte e o consequente renascimento; já o percurso entre a perspectiva do mundo exterior para o mundo interior será uma crise existencial, que é a morte do Espírito, e a sua consequente ressurreição. Esta é a Verdade situada sabiamente por Jesus e muitos outros mestres entre o Caminho e a Vida. As existências e renascimentos são os meios naturais para se atingir a finalidade essencial da Vida, que é o estado eterno da ressurreição. Tudo indica que na caminhada evolutiva os renascimentos cessem à medida que diminui para nós a necessidade de atuações existenciais de aprendizagem. Passamos, então, a perceber melhor a diferença entre a existência e a Vida, o existir e o viver, o efêmero e o Eterno. É bem possível que a Ressurreição nunca cesse, em um infinito processo de descoberta das maravilhas do Reino, que é Deus, "vindo a nós", revelando-se progressivamente em nosso mundo íntimo.

Os Protótipos Humanos

Os protótipos históricos

Como bem observou o filósofo Huberto Rohden, o homem é o único animal cuja espinha dorsal é natural e permanentemente vertical, como se a nossa cabeça estivesse sempre voltada para o alto, como uma antena que sintoniza as vibrações dos mundos superiores. Enquanto os corpos dos animais irracionais permanecem horizontais, ligados ao mundo físico, o nosso corpo obedece ao impulso da evolução e se levanta para captar novas experiências de racionalidade e espiritualidade. Esse corpo vertical, que assume a forma de uma cruz quando abrimos os braços, torna-se o símbolo vivo do sacrifício, da renúncia e do amor ao próximo.

Mas ainda sofremos muito a interferência instintiva, a busca constante da satisfação de nossas necessidades mais fundamentais. Essa busca, que nos tornou caçadores das coisas do mundo físico e material, nos faz agora caçadores de nós mesmos, das coisas do mundo íntimo e espiritual. Esta é a equação existencial que temos de solucionar para superar o Homem do Passado, que luta para sobreviver em nosso ser, e continuar a nossa caminhada para deixarmos nascer em nós o Homem do Futuro.

Mas que homem é esse? Seria um tipo especial e definitivo? Acreditamos que não seja um modelo definitivo, mas um modelo adequado ao nosso tempo histórico. Em uma perspectiva antropológica, percebemos melhor essa transformação da consciência humana. Ela mostra as etapas nas quais se manifestou um protótipo mental característico e do qual herdamos as experiências mais significativas, que resultaram naquilo que somos hoje e no que podemos ser em um futuro não muito distante.

Assim, do ponto de vista antropológico, teríamos oito tipos culturais:

Homem Biológico: É o *homo sapiens-sapiens* ou Homem de Cro-Magnon do Paleolítico, surgido há cerca de 35.000 a.c. É a raça adâmica (de Adão), que habita as cavernas, descobridora do fogo e dos primeiros instrumentos de transformação da natureza. Deu seus primeiros passos no *homo erectus* (500.000 a.C.), passou pelo Homem de Neandertal ou *sapiens* (150.000 a.C.), até chegar ao estágio biológico atual.

Homem Tribal: Esse Adão era gregário, sedentário, o descobridor da agricultura e da domesticação de animais e construtor das primeiras aldeias. Era o princípio da sociedade organizada (entre 9.000-7.000 a.C.).

Homem Anímico: Esse Adão já está pré-civilizado, ou seja, está entre o mundo das aldeias tribais e as primeiras civilizações do quarto milênio a.c. É a chamada proto-história, na qual o homem manifesta sua curiosidade pelo fenômenos naturais e passa a ter com eles um relacionamento místico. Tudo que não pode ser explicado pela razão é da esfera do sobrenatural. O mundo é mágico e o politeísmo religioso e suas magias marcam essa fase anímica.

Homem Teológico: É o homem das civilizações históricas e teocráticas do Crescente Fértil: Egito, Palestina e Mesopotâmia (a partir de 3.500 a.C.). A crença religiosa passa a ser objeto de dominação política (Estados teocráticos) e o misticismo é formalizado como prática ritual. A magia e o sobrenatural passam a ser conhecimento de domínio de especialistas ou sacerdotes.

Homem Racional: É a expressão do individualismo greco-romano. O homem racionaliza todos os seus hábitos pessoais e sociais, inclusive a religião. A mitologia greco-romana é um exemplo dessa tentativa de explicar racionalmente o mundo e seus mistérios, por meio de símbolos e analogias. O homem quer entender como funciona o seu ser e por que somente ele tem consciência de si mesmo. A filosofia, com Sócrates, Platão e Aristóteles, será o resultado mais aperfeiçoado desse esforço.

Homem Metafísico: Nessa era pré-científica, logo após a

Idade Média e o retrocesso ao tempo teológico imposto pela Igreja, o homem do Renascimento sente necessidade de retomar sua trajetória, voltando à fase em que havia estacionado com a queda de Roma. A razão toma rumos científicos nos séculos XVI e XVII com Descartes, Newton e Bacon. Pensar é existir e o sentido dessa existência pode ser encontrado na experiência empírica, na prática pré-científica.

Homem Positivo: É o homem da Revolução Industrial e da Revolução Francesa. A prática pré-científica chega à fase científica, onde as experiências podem ser comprovadas pela tecnologia. O Iluminismo filosófico e o positivismo científico dão novas direções à mente humana. É nessa fase que surgem os preparativos para a fase que estamos vivendo hoje.

Homem Psicológico: Segundo Herculano Pires, "*é* um ser tridimensional, cuja razão se fecha nas suas categorias decorrentes da experiência sensorial. O *homem-psi* corresponde a um conceito novo da razão e da mente, em que surge uma nova dimensão com a descoberta da percepção extrassensorial. Trata-se de uma verdadeira ampliação do conceito do *homem*, que retorna às dimensões espirituais antigas, enriquecido com as provas científicas e, por isso mesmo, liberto da ganga das superstições, do misticismo dogmático e do pensamento mágico"[1].

Mas, do ponto de vista psicológico, essas etapas seriam marcadas por seis modelos influentes e um idealizado para o futuro. Esses protótipos apresentam, cada um em seu momento, o predomínio de um tipo de inteligência revolucionária – das habilidades múltiplas propostas por Daniel Goleman[2], acumulando as experiências de seus predecessores, às características psicológicas das sete fases do "tornar-se pessoa" propostas por Carl Rogers[3].

A verticalização do corpo humano coincide com o despertar das faculdades psíquicas; são elas que permitem ao homem a sintonia com os planos superiores da Razão e da Vida, que lhe dão os rumos da existência. A mediunidade como instrumento

---

1 PIRES, José Herculano. Chico Xavier: o homem futuro. *Revista Planeta*, n. 10, jun. 1973.
2 COLEMAN, Daniel. *Inteligência emocional*: a teoria revolucionária que redefine o que é ser inteligente. Rio de Janeiro: Objetiva, 1995.
3 ROGERS, Carl. *Tornar-se pessoa*. 5. ed. São Paulo: Martins Fontes, 1997.

e extensão mental torna-se uma bússola existencial para que o homem supere os instintos e domine a intuição. Ela também vai marcar a transição mental do mundo sensorial para o mundo extrassensorial, do mundo exterior e físico para o mundo interior e metafísico.

É fato inegável: estamos passando por uma crise existencial que marca em nós a mudança de percepção do mundo exterior para o mundo interior. O que caracteriza tal crise é essa descoberta, que nos causa impacto em todo o nosso conjunto vivencial: na mente e no corpo físico. Nossas percepções, sensações e sentidos físicos sofrem um abalo estrutural e passam a exigir de nós uma reestruturação para uma nova acomodação. Já passamos por esse abalo, quando, ainda no mundo animal, descobrimos a razão. Essa descoberta do mundo interno foi sendo feita de maneira gradual e sempre esteve relacionada ao nosso grau de consciência. Esse impacto é também semelhante ao que sofre as crianças quando saem do universo concreto e descobrem o mundo abstrato durante o processo de alfabetização.

Quando sofremos esse abalo vivencial na descoberta da razão, tivemos de trocar valores materiais por valores morais; progredimos lentamente na descoberta desse mundo interno. Primeiramente, ao descobrir um pedaço de pão, pela operação instintiva, saciávamos imediatamente a nossa fome. Em um segundo momento, ao descobrir outro pedaço de pão, racional e economicamente, nós o dividíamos em um número de pedaços igual ao número de dias que levaríamos para encontrar outro pedaço de pão, ou seja, administrávamos a necessidade de saciar a fome. Agora, encontramos um pedaço de pão, olhamos para todos os lados, queremos comê-lo de uma só vez, pensamos em guardar para os próximos dias, mas estamos sendo incomodados por um novo fator: a consciência. Com novos e sempre incômodos valores, a consciência nos força a olhar novamente para todos os lados e enxergar que outros seres estão sem pão. Aí está a crise: comer tudo em um dia só, cortar e, ainda sozinho, comer um pedaço a cada dia, ou repartir aquele pedaço com os que não têm nenhum? Nas duas primeiras opções, ainda estamos vendo pela ótica racional do mundo exterior, enquanto na última vislumbramos o mundo interior. Repartir o pão com o outro é uma operação que supera a vivência racional e atinge a vivência emocional e interior.

Quando operamos além do instinto e da razão, geralmente lidamos com outros instrumentos cognitivos, diferentes do cálculo ou da agilidade física. Passamos a usar instrumentos cognitivos espirituais, interpessoais e intrapessoais. Estes se caracterizam pelos valores morais, negativos e positivos que aprendemos culturalmente. Com eles estabelecemos julgamentos nos quais usamos como referência, para comparação, outros seres humanos. Geralmente, nessas operações, quando desprezamos os fatores instintivo e racional, nos colocamos sempre no lugar do outro e tentamos imaginar, em questão de segundos, como reagiríamos naquela situação. Essa forma de inteligência é chamada de empatia, um aprofundamento da simpatia, porque não é um sentimento unilateral, mas recíproco: um precisa e o outro dispõe. Quanto maior a nossa capacidade de empatia, maior será a nossa capacidade de penetrar em nosso mundo interior, sem sofrimentos ou traumas. A melhor forma de tentar penetrar em nosso mundo íntimo e compreendê-lo é tentar respeitar, aceitar e compreender o mundo íntimo do outro. O nosso mundo íntimo está fechado desde quando existimos; é um mistério, uma porta cuja chave e segredo sempre estão com o nosso semelhante e nunca conosco; isso é proposital na natureza, pois, se estivessem conosco, talvez já os tivéssemos perdido pela indiferença ou pela ferrugem do egoísmo.

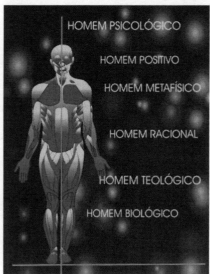

O primeiro ser – O homem biológico da Pré-História

O Ser da Ética da Sobrevivência

- Domínio da inteligência cinestésico-corporal
- Predomínio dos instintos e dos desejos.
- Vive o tempo imediato e presente.
- Preocupação com a sobrevivência do corpo e busca de entendimento do mundo fenomenal exterior.
- Religiosidade natural exterior e mágica.
- Primeira fase do "tornar-se pessoa": Bloqueio e recusa à comunicação; tendência à alienação.
- Reminiscência atual: "Por que estou assim?"

> **21.** O Senhor Deus também fez para Adão e sua mulher vestiduras de peles com que os cobriu. **22.** E disse: Eis aí Adão feito um de nós, sabemos o bem e o mal. Impeçamos, pois, agora, que ele deite à árvore da vida, que também tome o seu fruto e que, comendo desse fruto, viva eternamente. (Ele disse, Jeová Eloim: Eis aí, o homem foi como um de nós para o conhecimento do bem e do mal; agora ele pode estender a mão e tomar da árvore do bem e do mal; agora ele pode estender a mão e tomar da árvore da vida; comerá dela e viverá eternamente). (GÊNESE)

O trecho do Gênese é bastante sugestivo para uma leitura tranquila e sensata da simbologia do texto mosaico. Ele fala abertamente, para quem tem olhos de ver, da transição do Reino Animal para o Reino Hominal ou da Consciência, quando, juntamente com a transformação dos nossos corpos, adquirimos a inteligência racional, para a solução de problemas, e a consciencial, o livre-arbítrio, para fazer escolhas e tomar decisões.

Como uma obra de arte da natureza ou da arquitetura da Criação, o corpo humano reflete em sua estética fisiológica toda a sua trilha espiritual percorrida nesses milênios de história; ele possui um significado simbólico, profundo, que vai além de suas magníficas e bem projetadas funções orgânicas. Em seu desenho estético, sobretudo quando de braços abertos e olhar para o infinito, expressa sua angústia existencial.

Na transformação evolutiva da espécie humana, encontramos como fator essencial a conquista crescente e vertical da consciência, bem como a sua principal ferramenta de ação, que é a inteligência. Segundo as pesquisas da antropologia, no longo período de um milhão de anos, as espécies humanoides e humanas das quais descendemos realizaram nesse campo poucas conquistas significativas que mudaram os rumos de nossa experiência social: o domínio do fogo e a agricultura, nos tempos pré-históricos, e as revoluções tecnológicas contemporâneas da mecanização industrial e a informática. Todas elas estiveram ligadas aos processos produtivos e sempre foram impulsionadas pela Lei do Trabalho.

Outra curiosidade é que os intervalos de tempo entre essas descobertas eram imensos inicialmente, mas, à medida que foram despontando novas necessidades sociais e novas inteligências, foram diminuindo entre uma e outra:

> Revolução do Fogo (100.000 a.C.) e Revolução Agrícola (10.000 a.C.): 90 mil anos.
> Revolução Agrícola e Revolução Industrial (1760 d.C.): 12 mil anos.
> Revolução Industrial e Revolução da Macroinformática (1950): 216 anos.
> Revolução da Macroinformática e Revolução da Microinformática Digital (1976): 26 anos.
> Revolução da Microinformática e Revolução Biogenética (1980): 4 anos.

Tudo isso mostra que as conquistas tecnológicas, ligadas

às inteligências objetivas do homem, entrarão nos próximos séculos em processo irreversível de esgotamento. As descobertas serão cada vez mais rápidas e as soluções cada vez mais práticas. Os problemas da objetividade social humana, basicamente as doenças psicossomáticas e vícios do consumismo, vão desaparecer e já causam certa preocupação nas cabeças filosóficas quanto às questões do trabalho e da sobrevivência. Questionam eles: "Se não houver mais problemas a serem solucionados, viveremos no completo ócio?"

Outra impressão paradoxal, muito comum diante dessas mudanças, é a de que quanto mais dispomos de informações, menos domínio temos sobre o conhecimento. Diante de tanta sabedoria disponível, nunca nos sentimos tão ignorantes.

Lembrando as teorias de Marshall McLuhan, a maioria dessas tecnologias foi criada para funcionar como extensões mecânicas do corpo humano, isto é, dos impulsos elétricos do cérebro. Esses mecanismos são efeitos das inteligências voltadas para o mundo bidimensional da matéria e para as comodidades exteriores da experiência humana. Na perspectiva materialista, as soluções de todos os problemas estariam apenas nesse campo tecnológico, esquecendo-se de que os problemas de ordem subjetiva estão apenas começando a dar os primeiros sinais de um longo caminho a ser percorrido. As inteligências subjetivas (interpessoal e intrapessoal), invertendo o seu percurso racional para o caminho emocional, pela verticalização ou interiorização, também darão novos rumos às inteligências objetivas. O conhecimento e suas expressões no campo das artes e da ciência sofrerão profundas transformações em suas estruturas e manifestações.

Os Protótipos Humanos

O segundo ser – O homem teológico da Antiguidade

Domínio das inteligências espacial e linguística
• Despertar da intuição e das aspirações do tempo futuro.
• Religiosidade ritualística exterior.
• Preocupação com a sobrevivência da alma e medo da morte.
• Segunda fase: Início da comunicação e do desejo de mudança; não reconhece sentimentos e emoções.
• Reminiscência: "O que estou sentindo?"

> Ele arrefecerá a chama. Será considerado o pastor de todos os homens. Mal nenhum existirá em seu coração. Quando seus rebanhos são poucos, ele passa o dia a reuni-los, pois estão de coração febril. Ele lhes discernirá o caráter da primeira geração. E destruirá o mal. Suprirá a semente da herança. [...] Onde está esse homem hoje? Dormindo, por acaso? Atenção, o seu poder é invisível.[1]

O Homem Teológico é o primeiro anúncio profético do Homem Espiritual do futuro. Enquanto o Homem Biológico anunciava o início da postura física vertical, aquele anuncia os primeiros passos da verticalização espiritual; é o produto mental de uma quinta raça, ainda hoje predominante, mas que será brevemente substituída pela sexta e, posteriormente, por uma sétima, que será a síntese de todas as anteriores.

Segundo a tradição esotérica, a quinta raça foi gerada das

1 Fragmento do testamento de Ptah-hotep, primeiro-ministro do faraó na Quinta Dinastia, 2880 a.C.

matrizes arianas, fonte das primeiras civilizações que apareceram nas margens dos grandes rios. Do Nilo surge o Egito; do Tigre e do Eufrates brotam as civilizações da Mesopotâmia; do Ganges nasce a Índia; dos rios Azul e Amarelo, a China. São sociedades organizadas pelo impulso político de governos teocráticos, onde a religião influencia tudo e todos: o poder, o trabalho, a divisão de classes, as categorias profissionais, as artes e as ciências.

Os historiadores marxistas definiram esse sistema como um "modo de produção asiático", identificando o fator econômico como o principal motor dessas civilizações. Mas, culturalmente falando, a religião e a teologia eram as forças predominantes, a base ideológica de todas as peças do sistema: do Estado, da organização social, das relações socioeconômicas, das ciências e das artes. Esse perfil teológico também é reflexo da aceleração vertical da espinha espírito-dorsal que sofremos desde as rústicas experiências da pré-história. Do período glacial, no qual a espécie humana poderia ter sido extinta se não tivesse dominado a tecnologia do fogo, até os primeiros tempos pré-históricos, ocorre considerável elevação do eixo dorsal, sempre em busca do equilíbrio entre o pensar, o sentir e o agir.

A sociedade humana não comportava mais as estruturas do comunismo primitivo. É um momento em que a energia vital que move todos os seres para a evolução desperta em nós forte egocentrismo e não há mais possibilidade de dividir, sem conflito com o outro, as escassas riquezas de sobrevivência.

A competição pela força vai aos poucos sendo substituída pela inteligência. Para administrar a desigualdade e impor a autoridade comum, surge a ideia do Estado-pessoa, uma instituição política cuja abstração só pode ser compreendida quando simbolizada em uma figura humana incomum. Essa imagem humana viva é necessária para que cessem as crises de poder e se estabeleça uma nova ordem social.

Os monarcas da Mesopotâmia e os faraós egípcios são exemplos típicos dessa nova fase da humanidade, de homens--deuses, cujas figuras eram erguidas ao altar da sacralização e se apoiavam em poderosos dogmas e superstições mitológicas. A religião organizada serve como suporte político e a ideologia, como importante fator de controle social. O Estado deve ser

Os Protótipos Humanos   109

sempre sustentado por um aparato teocrático-sacerdotal. O clero é um estamento essencial para o exercício da manipulação político-ideológica.

Se, por um lado, a maioria dos religiosos se presta ao papel de servos do poder, por outro surgem, em momentos marcantes, figuras estranhas ao contexto para subverter a ordem e dar novo rumo às coisas. Esses homens possuem um grau de consciência que lhes permite distinguir o ser humano da natureza e essa distinção se dá pela moral. Eles observam que a natureza é regida por leis imutáveis e que estas se manifestam em seres humanos e em grupos por meio do comportamento e da moral. A lei de ação e reação que ocorre no plano da física é a mesma que regula o uso da violência e a prática da solidariedade. A Lei da Polaridade, que define a atuação dos elementos contrários – positivo/negativo, claro/escuro, perto/longe, pequeno/grande etc. – no cenário natural, é idêntica quando aplicada aos papéis sociais – forte/fraco, masculino/feminino, bem/mal etc.

Personalidades intrigantes como Zoroastro e Sidartha Gautama (Buddha) funcionam nesses tempos remotos como modelos avançados de equilíbrio emocional e inteligência. A percepção aguçada que eles possuem sobre as leis da natureza e do universo logo se transforma em tratados filosóficos ou motivo de exemplificação vivencial. São legisladores e educadores que estabelecem novos paradigmas de comportamento e tudo o que fazem serve como impulso para grandes transformações. Moisés e os profetas hebreus também marcam esse período, servindo ao mesmo tempo de modelo de ruptura da cultura politeísta e estabelecimento do monoteísmo como a grande tendência religiosa do futuro. Todas essas grandes inteligências buscam despertar nos homens comuns a ideia de que somos seres divinos e imortais. Suas ideias vão ao encontro das necessidades do povo, mas, geralmente, colidem com os interesses políticos vigentes. É um confronto inevitável, no qual raramente houve acordos e cooperação entre as forças em choque. Eram tempos em que a emoção ofuscava a razão. A morte, antes vista como acontecimento natural, foi adquirindo significados ritualísticos, cuja magia serviu para manipular, para o bem ou para o mal, o medo do desconhecido.

110 Dalmo Duque dos Santos

A verdade é que nunca aceitamos o fato da morte biológica. Progredimos em muitos aspectos e situações da vida, mas nesse terreno ainda patinamos sem sair do lugar. Em todas as épocas, desenvolvemos formas de fuga e adaptação para encarar o fenômeno que põe fim às nossas existências. Na pré-história, quando éramos nômades, alguém do grupo morria e o defunto simplesmente era deixado para trás, juntamente com os restos dos alimentos que comemos e da fogueira que acendemos para nos aquecer. Dali seguíamos em caminhada para o futuro, que era algum lugar onde encontrássemos alimento e abrigo. A ideia de futuro ainda não nos preocupava, pois este era somente o dia seguinte, e a sensação de segurança era conseguir que o estômago ficasse cheio. O defunto que surgia durante a caminhada não representava incômodo, senão por rápidos e indiferentes olhares de incompreensão e alguns segundos de dúvidas sem respostas que logo abandonávamos juntamente com o cadáver.

Mas, à medida que a Consciência foi se verticalizando, os defuntos passaram a ser objetos de intranquilidade. Percebemos que com eles morriam também algumas coisas que nos diziam respeito: a memória, as experiências e os sentimentos. A sedentarização da sociedade humana, advinda com a agricultura e a pecuária, e obtida pela necessidade de cuidar das coisas imprescindíveis à sobrevivência que estavam ao nosso redor, deu novo significado à morte de membros do grupo. Eles agora também precisam ficar por perto, juntamente com a lavoura e os animais domésticos. O apodrecimento do cadáver é uma situação incômoda que será solucionada pelo sepultamento e o túmulo representará a sua memória, a lembrança simbólica daquele membro quando estava vivo. As sepulturas domésticas adquirem proporções de necrópoles, quando a urbanização passa a ser o meio social comum. Essa relação sagrada que estabelecemos com a morte, para cultivar a memória dos que se foram, quando a sociedade humana torna-se sedentária, mudou o sentido de nossa caminhada para o tempo futuro, deslocando-a do mundo exterior e geológico para o nosso mundo interior e psicológico.

Essa inversão de percurso veio acompanhada do medo irracional pelo desconhecido, representado pela morte do outro.

Os Protótipos Humanos 111

Como entender e aceitar a nossa morte, se temos como parâmetro somente a morte dos outros? As fugas que empreendemos para nos adaptar a essa situação contraditória são visíveis nas representações macabras da arte fúnebre gótica da Idade Média, no erotismo barroco da Idade Moderna. Na Idade Contemporânea, com o advento da industrialização e da sociedade de massas, ocorre a banalização da morte, quando as tragédias que antes causavam escândalos e impactos são reduzidas a notícias repetitivas dos meios de comunicação. A racionalização da vida social e do espaço geográfico novamente transformam os defuntos em objetos incômodos. A morte súbita, que antes causava expectativa e choque, agora pode ser prolongada ou abreviada pela ciência médica. É uma forma de mantê-la distante do ambiente doméstico, pequeno e restrito, nos hospitais e velórios públicos. Dessa forma, somos menos atingidos quando alguém morre. As lembranças e a saudade talvez serão mais brandas se não tivermos contato muito íntimo com os defuntos. Como se observa, não progredimos quase nada.

O terceiro ser – O homem racional greco-romano

O ser RACIONAL da ética da razão

• Domínio da inteligência lógico-matemática
• A crise existencial e a busca filosófica do sentido existencial exterior.
• A razão supera e inibe a emoção; religiosidade narcísica e antropomórfica.
• Terceira fase: Aceitação reduzida de sentimentos.
• Reminiscência: "Qual a origem desse sentimento?"

> Não é possível aproximar-se [do divino] com nossos olhos e tomá-lo em nossas mãos. [...].[1]
> Pois nem está provido de membros, com uma cabeça humana, nem nascem aladas vergônteas de seus ombros, não tem pés, nem joelhos rápidos, nem membros sexuais; mas é somente um espírito sagrado e inexpressável, cujo rápido pensamento percorre o universo.[2]

O percurso do Homem Biológico ao Homem Teológico caracterizou-se, inicialmente, pela descoberta do próprio corpo e uma profunda integração mágica com a natureza, até que esses traços de comportamento recebessem um tratamento místico e fossem

---

1 EMPÉDOCLES. Fragmento 133 D. In: CLEMENTE de Alexandria. *Strômata*, V, 140. Disponível em: <http://www.cfh.ufsc.br/~simpozio/Megahist-filos/Prim--fil/0335y316.html>.
2 EMPÉDOCLES. Fragmento 134 D. In: AMÔNIO. *Da Interpretação*, 249, 1. Disponível em: <http://www.cfh.ufsc.br/~simpozio/Megahist-filos/Prim--fil/0335y316.html>.

transformados em rituais dogmáticos de práticas sacerdotais. A fase entre a infância da humanidade até o início de sua adolescência, na quinta raça, seria rompida quando os povos da Antiguidade atingissem o seu zênite existencial. Este é o momento em que a Ásia será substituída pela Europa como centro da civilização, quando o pêndulo do tempo humano marca a decadência do Oriente e a lenta ascensão histórica do Ocidente. O cenário dessa mudança é a Península Balcânica, especificamente a Grécia, que será a depositária da maioria dos conhecimentos e experiências das civilizações das raças atlantes (civilização creto-micênica). A partir do século XX a.C., chegam as primeiras levas migratórias das tribos arianas. Ali vai acontecer uma das mais fascinantes transformações da natureza humana, a descoberta da psique, na qual o homem perceberá o sentido original das coisas e de si mesmo. Por meio dela, vai estabelecer-se a relação dialética entre o ser e o objeto de sua observação, diferença esta que fez dos gregos seres humanos diferentes dos egípcios e mesopotâmios. Para eles, o mundo estava dividido entre os helenos, homens livres e autônomos, e os homens "bárbaros", escravos dos outros porque eram escravos de si mesmos, não possuíam autoestima, senso de dignidade e não valorizavam o livre-arbítrio. Os primeiros gregos acreditavam, portanto, que não eram pessoas comuns e que descendiam dos deuses. Ao julgar os erros da humanidade e decidir o destino dos homens, Zeus, o pai de todos os deuses, escolheu o justo Deucalião e sua virtuosa esposa Pirra para garantir a perpetuação da humanidade. Os gregos são descendentes de Heleno, um dos filhos de Deucalião. Esta é a forma como essa civilização observa o mundo e as coisas, medindo tudo e todos pela régua do ponto de vista antropológico. Para eles, até mesmo os deuses do Olimpo eram homens cujos defeitos e virtudes teciam as tramas do destino humano. Se o homem é a medida de todas as coisas, a medida mais verdadeira é a razão, que é a virtude (aretê) essencial, para eles, mais confiável e menos suspeita. É por isso que na mitologia grega encontramos todas as referências da cultura humana atual. Se o judaísmo deu início à nossa ética e à preocupação com nossas origens e destino, e se o Cristianismo poten-

114 Dalmo Duque dos Santos

cializou nossos valores, sentimentos e emoções, no helenismo está a síntese de nosso pensamento:

Excetuando a maquinaria, com dificuldade encontramos algo secular em nossa cultura que não tenha vindo da Grécia. Escolas, ginásios, aritmética, geometria, história, retórica, física, biologia, anatomia, higiene, terapia, cosméticos, poesia, música, tragédia, comédia, filosofia, teologia, agnosticismo, ceticismo, estoicismo, epicurismo, ética, política, idealismo, filantropia, cinismo, tirania, plutocracia, democracia: todas são palavras gregas para designar formas de cultura raramente originadas, mas quase sempre amadurecidas, para o bem ou para o mal, pela exuberante energia dos gregos. Todos os problemas que hoje nos preocupam – o desflorestamento e a erosão do solo; a emancipação da mulher e a limitação da família; o conservantismo dos estabelecidos e o experimentalismo dos deslocados, na moral, na música e no governo; as corrupções da política e as perversões da conduta; o conflito entre a religião e a ciência e o enfraquecimento dos esteios sobrenaturais da moralidade; as guerras de classes e de nações e continentes; as revoluções dos pobres contra o poder econômico dos ricos, e dos ricos contra o poder político dos pobres; as lutas entre a democracia e a ditadura, entre o individualismo e o comunismo, entre o Oriente e o Ocidente – todos esses problemas agitaram, como que a nos dar uma lição, a brilhante e turbulenta vida da antiga Hélade... Não há nada na civilização grega que não ilumine a nossa.[3]

Nos agitados tempos de ocupação migratória da Península Balcânica, do longínquo século XX antes de Cristo, até o século V de Péricles, o homem descobriu que era Homem, que em sua imagem, refletida no olhar sobre si mesmo, está a sua semelhança com Deus. Conta a historiografia que os aqueus, os eólios e algum tempo depois os jônios, penetraram na região que seria o novo centro do mundo por meio de uma integração pacífica com os povos autóctones, os pelágios. Mais tarde, eles absorveram admiravelmente importantes elementos culturais da lendária sociedade da Ilha de Creta, dando origem à civilização creto-micênica. A última leva migratória veio com a força destruidora

---

3 DURANT, Will. *Nossa herança clássica*. Rio de Janeiro: Record, 1966.

Os Protótipos Humanos   115

dos dórios, cuja índole guerreira provocou a primeira dispersão dos povos gregos pelo Mediterrâneo. Essa primeira diáspora, iniciada pelo arrasamento das cidades, empurrou as gentes para a vida rural, longe dos perigos do litoral, dando origem ao genos, a base social mais antiga da grande Hélade (primitivo nome da Grécia). Esses pequenos núcleos familiares, dirigidos por um chefe clânico, o páter-famílias, espalharam-se por toda aquela complexa e atraente paisagem, tornando-se o eixo fundamental da civilização helênica.

O universo geográfico da Grécia constitui, desde a Antiguidade, um grande espetáculo natural, uma trama de acidentes físicos que seduz os olhos de qualquer viajante.

A parte continental exibe suntuoso relevo de montanhas e vales quase impenetráveis, protegidos por abismos de pedras; colado a elas, encontra-se um litoral totalmente recortado por inúmeras baías e enseadas.

Na parte insular, o mar foi curiosamente pulverizado por incontáveis pequenas ilhas. Foi dessa mistura de elementos das três áreas físicas dessa parte do sul da Europa que nasceu a principal marca geográfica da Grécia – o seu isolamento natural – e que influiu profundamente na formação psicológica de seu povo. Tal isolamento impôs a eles um caráter introspectivo, motivado pela contemplação das coisas que poderiam estar além das montanhas, bem como a sensação de infinito que vem do horizonte azul-marinho do Egeu.

O toque final dessa trama entre a geologia e a psicologia foi dado pela inevitável solidão que sentem os habitantes das ilhas gregas e que os tornam perpetuamente insatisfeitos consigo mesmos. Na misteriosa combinação entre a introspecção do habitante dos vales e montanhas, a postura reflexiva do homem litorâneo e a solidão do morador insular estão as origens da filosofia e do individualismo da cultura grega.

Foi nesse cenário, no período pré-homérico, que surgiu o Homem Lógico-Racional, através da transformação da mentalidade mitopoética para a mentalidade sistêmico-teorizante. A ruptura com o universo mágico e a racionalização das coisas divinas, incluindo a humanização de Zeus e sua corte, foram momentos críticos na evolução da consciência humana. Estabeleceu-se uma divisão de caminhos na busca da verdade: uma vereda metafísica e espiritualista, influenciada pela tradição iniciática orientalista; e outra física e materialista, fundada na escola racionalista ocidental. A primeira foi produto do contato de sábios gregos com o conhecimento sacerdotal de antigas civilizações, incluindo as desaparecidas Lemúria e Atlântida; já a segunda teria suas origens em curioso perfil rebelde e antirreligioso das tribos arianas que se espalharam na Europa.

A grande mudança da ótica mítica para a ótica racionalista é até hoje um grande enigma para os historiadores e algumas dúvidas permanecem no ar: Por que somente os gregos conseguiram romper esse limite? Como esse tipo humano descobriu a especulação filosófica e interessou-se pela investigação científica? Que tipo de experiência levou pensadores, como Zenon, a afirmarem que "a razão é a suprema conquista do homem, é uma semente do Logos Spermatikós, ou Razão Seminal, que criou e governa o mundo"?

Entre os séculos VII e VI a.C., na transição do período homérico para o arcaico, o antigo genos entra em processo de agonia social, causada pelo aumento da população. As consequentes lutas entre o coletivismo e o individualismo, pela posse da riqueza agrária, faz explodir no mundo grego uma nova dispersão, a segunda diáspora, espalhando o helenismo por todo o Mediterrâneo. A vitória do individualismo das aristocracias, através do conceito conservador da propriedade privada, vai transformando gradualmente o núcleo gentílico em tribos, fratrias, vilas, até que essas últimas se constituam na pólis, as célebres cidades-Estado. Estas eram compostas pela acrópole – a parte mais alta da cidade, destinada ao culto dos imortais deuses e heróis do Olimpo – e por asty, que ficava na base da acrópole – zona urbana onde se situava a ágora, local de mercado e de reunião de filósofos e políticos. As pólis serão povoadas pelos cidadãos, a quem Aristóteles denominou apropriadamente "animais políticos" ou "zoopolitycon". O isolamento natural não inibiu totalmente o contato com o mundo exterior, mas foi responsável pelo desenvolvimento de fronteiras culturais, mais rígidas e resistentes do que os limites geográficos. Conceitos de exclusividade social ou cidadania pela linhagem de nascimento

Os Protótipos Humanos   117

deram origem a curiosos mecanismos de defesa ou "anticorpos políticos" dessas cidades. Em Esparta, por exemplo, o mito de Licurgo e a xenofobia afastavam a indisciplina e os vírus dos costumes estrangeiros. Em Atenas, legisladores como Drácon, Sólon e Clístenes, para garantir a ordem, tiveram de inibir os abusos da escravidão por dívidas, o regime de maioria da Demos e o ostracismo, anticorpo que bania pelo exílio de 10 anos os inimigos do regime de liberdade participativa.

No período clássico, a partir do século V, das cerca de 160 pólis espalhadas nos Balcãs e dezenas de outras, com a colonização do Mediterrâneo, logicamente fizeram história o modelo aristocrático-militar de Esparta e o modelo democrático-civil de Atenas. Esparta, sempre fechada e exclusivista, foi fundada por descendentes de guerreiros dórios e permaneceu estacionada na homogeneidade social. Atenas, mais flexível aos novos habitantes, surgiu dos descendentes dos eólios e jônios e foi enriquecida pela heterogeneidade. A primeira deu à humanidade homens fortes de corpo e dotados de coragem existencial biológica e física insuperável, porém pobres de imaginação. Já a segunda nos legou homens de grande força mental reflexiva e artística, providos de coragem existencial psicológica e metafísica. Esparta nos deixou como herança homens admiráveis, como o general Leônidas e os seus 300 soldados, que morreram bravamente no desfiladeiro das Termópilas, lutando durante uma semana com mais de dois mil soldados persas. Atenas nos brindou com homens incomparáveis como Sócrates, que soube morrer com espantosa serenidade, encerrando com heroísmo ímpar uma luta que travara durante toda a sua existência contra si mesmo.

A Escola Iniciática Pitagórica

A tradição esotérica que chegou até nós pelo Ocidente veio, em grande parte, através de sábios gregos. Mais do que um costume, tornou-se uma necessidade existencial entre eles quebrar o isolamento e viajar em busca de conhecimentos incomuns em outros núcleos iniciáticos na Europa e fora dela. Um dos primeiros exemplos dessas iniciativas – imitado mais tarde por tantos outros – foi Pitágoras de Samos (580-500 a.c.), cujo nome possuía um significado especial: "porta-voz do oráculo Pítio de Delfos". Suas viagens em busca do conhecimento abrangeram lugares considerados importantes centros do saber no mundo antigo: Arábia, Fenícia, Síria, Caldeia, Índia, Gália e, principalmente, Egito, onde se aperfeiçoou em astronomia e geometria. De volta à Grécia, depois de três décadas de excursões, estabeleceu-se em Crotona, fundando ali uma das mais famosas escolas iniciáticas, onde homens e mulheres eram tratados em regime de igualdade sexual e rigor absoluto no trato pedagógico, conforme nos relata Durant:[4]

> Para os estudantes em geral, Pitágoras estabelecia um regime que quase transformava a escola em mosteiro. Os membros prestavam juramento de lealdade tanto para com o Mestre como de uns para com os outros. A tradição é unânime em afirmar que enquanto viviam na comunidade pitagórica adotavam a comunhão de bens. Não podiam comer carne, ovos ou favas. O vinho era proibido, e a água recomendada – o que seria uma perigosa prescrição na baixa Itália de hoje. [...] Os membros da escola não tinham permissão para matar animais, agredir seus semelhantes ou destruir uma árvore plantada. Eram obrigados a vestir-se com simplicidade e portar-se modestamente, "não se entregando jamais ao riso, sem, entretanto, se mostrarem carrancudos". Não podiam jurar pelos deuses, pois "todo homem deve organizar sua vida de modo a que lhe deem crédito sem haver necessidade de juramentos". Não podiam ofertar vítimas em sacrifício, mas podiam orar em altares não maculados pelo sangue. Ao fim de cada dia faziam exame de consciência para verificar se haviam cometido erros, quais os deveres negligenciados e quais as boas ações praticadas. O próprio Pitágoras, a não ser que fosse um ótimo comediante, seguia esses regulamentos com o maior rigor do que qualquer aluno. Seu método de vida conquistou tal respeito e autoridade entre os discípulos que nenhum ousava queixar-se daquela ditadura pedagógica e o *autus epha* (*ipse dixt* – "ele o disse") tornou-se a fórmula por eles adotada como ponto final em quase todos os campos do comportamento ou da teoria. Conta-se, com tocante respeito, que o Mestre jamais tomou vinho durante o dia, que se alimentava quase só de pão e mel, adotando os vegetais como sobremesa; que sua

4 DURANT, Will. *Nossa herança clássica*. Rio de Janeiro: Record, 1966. Capítulo VII.

Os Protótipos Humanos

túnica mantinha-se sempre alva e imaculada e que nunca se soube que ele se houvesse excedido na mesa, ou praticado o amor (sexo fútil); que nunca cedia ao riso, à galhofa ou à tagarelice; que nunca sua mão se ergueu contra alguém, nem mesmo contra um escravo. Timão de Atenas imaginou-o "um prestigitador de sermões solenes, empenhado na pesca de homens", mas entre os seus mais dedicados adeptos achavam-se sua esposa Teano e sua filha Damo, que podiam facilmente cotejar sua filosofia com sua vida real. A Damo, diz Diógenes Laércio, "confiou ele os seus Comentários, recomendando-lhe que não os divulgasse a ninguém fora de casa. E ela, que podia ter vendido esses discursos por muito dinheiro, não o fez, pois considerava a obediência às ordens do pai mais valiosa do que o ouro – embora fosse mulher".

A iniciação para a sociedade pitagórica exigia, além da purificação do corpo pela abstinência e pelo domínio de si próprio, a purificação do espírito pelo estudo científico. O novo discípulo deveria manter durante os cinco primeiros anos o "silêncio pitagórico", aceitar os ensinamentos sem perguntas ou objeções – antes de ser considerado membro definitivo, ou lhe ser permitido "ver" Pitágoras. (Este "ver", ao que parece, significa beber as lições diretamente dos lábios do Mestre.) Os estudantes eram divididos em *exoterici*, ou alunos externos, e *esoterici*, ou membros internos. Estes tinham direito à sabedoria secreta e pessoal do Mestre. Quatro matérias formavam o currículo: geometria, aritmética, astronomia e música.

[...] O universo, diz Pitágoras, é uma esfera viva, cujo centro é a Terra (para o observador). A Terra também é uma esfera, girando, como os planetas, do oeste para o leste. A Terra, aliás, todo o universo, se divide em cinco zonas – ártica, antártica, inverno e equatorial. A lua torna-se ora mais ou menos invisível conforme sua parte iluminada pelo sol se ache mais ou menos voltada para a Terra. Os eclipses da lua são causados pela posição da Terra, ou outro corpo, entre a lua e o sol. Pitágoras, diz Diógenes Laércio, "foi a primeira pessoa que atribuiu forma redonda à Terra, e que deu ao mundo o nome de kosmos".

Tendo, com essas contribuições à matemática e à astronomia, feito mais do que qualquer outro homem para estabelecer a ciência na Europa, Pitágoras passou à filosofia. A palavra em si é ao que parece uma de suas criações. Rejeitou ele o termo *sophia*, ou sabedoria, como pretensioso, e denominou a seu sistema de busca de conhecimentos *philosophia* – amor da sabedoria. No século VI a.C., filósofo e

120   Dalmo Duque dos Santos

pitagórico eram sinônimo.

O historiador que escreveu essas linhas sobre Pitágoras, assim como suas fontes contemporâneas, embora admiravelmente erudito, não possuía a maturidade da dimensão espiritual para avaliar o caráter e o aspecto esotérico da obra do grande mestre grego. Percebemos isso claramente quando ele fala da disciplina iniciática e das ideias pitagóricas sobre evolução espiritual e também quando confunde a lei da reencarnação com a crença na metempsicose. A metempsicose sempre foi usada no Oriente como forma de terrorismo mítico-sacerdotal para com as massas ignorantes. Essa confusão de conceitos pode ter sido utilizada de forma proposital na escola de Pitágoras, para testar os novos alunos sobre a receptividade à ideia de reencarnação, conceito ainda hoje complexo para espíritos imaturos, e prepará-los para a transição entre o conhecimento exotérico (externo e aparente) e o esotérico (interno e real). Mesmo assim, Durant nos dá curiosas informações sobre ele:

> Nesse ponto, a mística de Pitágoras, haurida no Egito e no Oriente Próximo, entregou-se aos mais livres devaneios. A alma, acreditava ele, dividia-se em três partes: sentido, intuição e razão. O sentido centralizava-se no coração; a intuição e a razão, no cérebro. Sentido e intuição encontram-se tanto nos animais como nos homens; a razão só ao homem pertence e é imortal. Depois da morte, a alma passa por um período de purgação no Hades; em seguida regressa à Terra e penetra em outro corpo, numa cadeia de transmigração que só termina com uma existência perfeitamente virtuosa. Pitágoras divertia-se, ou talvez maravilhasse, seus adeptos contando-lhes que nas precedentes encarnações ele fora, primeiro, uma cortesã e, depois, o herói Euforbo; dizia lembrar-se nitidamente de suas aventuras no cerco de Troia, e reconheceu num templo de Argos a armadura que havia usado na existência anterior. Ouvindo o ganir de um cão espancado, correu-lhe em socorro, afirmando ter reconhecido em seus uivos a voz de um amigo morto.[5]

---

5 DURANT, Will. *Nossa herança clássica*. Rio de Janeiro: Record, 1966. Capítulo VII.

A Verdade de Sócrates

É certo que o mundo grego foi o mais importante cenário do desenvolvimento da consciência racional. Os protótipos que ali apareceram não só fizeram importantes descobertas nesse terreno vivencial como também ampliaram o hábito da reflexão, da sistematização do conhecimento, bem como seus principais modelos de ética e comportamento. A síntese da enigmática sabedoria sacerdotal egípcia, da ciência dos caldeus, da magia dos persas e do ocultismo dos hindus vai manifestar-se na Península Balcânica na forma de uma cosmogonia inquieta, inconformista e investigativa. Religião, mitologia, ciência e filosofia formam ali uma unidade, um só universo em conjunto. Essa síntese está presente no importante conceito de Moira ou Destino que representou para os gregos uma lei universal, um princípio que conduz a tudo e a todos:

> Sócrates era filho de uma parteira com um escultor. As habilidades de seus pais dariam ao mais polêmico de todos os filósofos a marca única de um constante facilitador da sabedoria, nunca assumindo a postura de sábio ou mestre. Seu estilo decepcionava aqueles que buscavam nele respostas prontas e modelos acabados de filosofia. Seu hábito de responder a uma pergunta fazendo outra pergunta irritava os que, como Hípias, não podiam conceber a ideia de que o verdadeiro conhecimento é sempre uma experiência pessoal intransferível e que só pode ser compartilhado em alguns aspectos e não na sua integralidade: "Por Zeus, Sócrates, não saberás responder-me enquanto tu mesmo não declarares o que pensas da justiça; porque não é bastante que te rias dos outros, interrogando e confundindo a todos, enquanto te recusas a dar explicações a quem quer que seja ou a declarar tua opinião sobre qualquer assunto".

Os discípulos de Sócrates, grávidos de ideias e conceitos ainda mal formulados, passavam por um doloroso trabalho de parto e, consequentemente, tinham de aperfeiçoar suas concepções até que elas atingissem uma estrutura segura de sobrevivência. Era uma dupla arte de fazer parir e criar. Dizia Sócrates:

> É muito justa a queixa constantemente lançada contra mim de que faço perguntas aos outros e sou incapaz de respondê-las. A razão está em que o deus me obriga a ser parteiro, mas proíbe-me de dar à luz.

Sua coragem de lidar serenamente com os dilemas existenciais foi resultado, não de teorias, mas de experiências reais e cotidianas. Perdeu o medo de viver porque optou por buscar e ter somente o que era essencial. Certa vez, ao visitar o mercado de Atenas, Sócrates constatou com simplicidade e lucidez: "Como são numerosas as coisas de que eu não preciso". Perdeu o medo da morte lutando como hoplita na Guerra do Peloponeso. Ao contrário do covarde e fanfarrão Demóstenes, que, ao estrear em uma batalha e ouvir os primeiros gritos de combate, largou seus equipamentos e fugiu horrorizado. Sócrates destacou-se bravamente nas batalhas de Potideia e Délio contra os ferozes espartanos, passando frio, fome e toda sorte de necessidades. Era um homem grego comum nos hábitos culturais, nos defeitos e nas aparências, mas de caráter e de autenticidade raros e notáveis, muitas vezes desconcertantes: "Foi ele, realmente, o mais sábio, o mais justo e o melhor de todos os homens que conheci", escreveu Platão.

Sua franqueza e total despreocupação com os interesses menos dignos o colocavam sempre em perigo. A lista de inimigos foi tão grande e gratuita como a de seus amigos, pois Sócrates era a própria expressão e o espelho da torturante contradição humana, com a diferença que se assumiu como tal e desenvolveu uma incômoda, para os outros, autoaceitação. Era ao mesmo tempo a ordem e o caos, a harmonia e o desequilíbrio, a razão e o contrassenso, o ser e o não ser. Xenofonte afirmava que o contato pessoal com o filósofo era um prazer inigualável e que tal conversa, em qualquer circunstância ou sobre qualquer assunto, só trazia benefícios ao interlocutor. Quem conversava com Sócrates sofria o impacto de quem nunca se viu em um espelho. Naquele instante, tinha início o despertar da consciência, um caminho sem retorno que poderia ser experimentado pelo prazer ou pela revolta.

Para alguns, Sócrates era a cura; para outros, a doença, pois sua sabedoria era como concupiscência sugerida pela Serpente, um perigo que ameaçava sempre as bases frágeis da cultura mitológica e da tradição policiada pelo *stablishment*. Sua ousadia em "corromper" as mentes juvenis e "subverter" os costumes políticos só poderia ser punida, mesmo que simbolicamente, com algo à altura de seu veneno filosófico: a cicuta. Sócrates era um eterno problema para os atenienses, inconveniente até mesmo para ser eliminado. Seu exílio pelo ostracismo poderia despertar no povo o desejo de buscar novos ares e esvaziar a indústria e o comércio local. Sua prisão poderia ser uma prova de que o Estado era um erro e a democracia, um equívoco. Deram-lhe, inclusive, a opção de fuga, mas Sócrates se recusou, pois não gostaria de fugir de si mesmo. Então, condenaram-no à morte. Mas como matar alguém que não teme a morte e zomba dos incrédulos até os últimos instantes da existência? José Américo da Motta Pessanha[6] nos conta como foi esse histórico confronto final entre a Tradição e a Verdade e como foram os inesquecíveis últimos momentos de Sócrates entre os mortais:

> Em sua alocução, a mesma serenidade, o mesmo tom altaneiro: "Não foi por falta de discursos que fui condenado, mas por falta de audácia e porque não quis que ouvísseis o que para vós teria sido mais agradável, Sócrates lamentando-se, gemendo, fazendo e dizendo uma porção de coisas que considero indignas de mim, coisas que estais habituados a escutar de outros acusados". Sustenta-o uma certeza: mais difícil do que evitar a morte é "evitar o mal, porque ele corre mais depressa que a morte". Quanto a esta, apenas pode ser uma destas duas coisas: "Ou aquele que morre é reduzido ao nada e não tem mais qualquer consciência, ou então, conforme ao que se diz, a morte é uma mudança, uma transmigração da alma do lugar onde nos encontramos para outro lugar. Se a morte é a extinção de todo o sentimento e assemelha-se a um desses sonos nos quais nada se vê, mesmo em sonho, então morrer é um ganho maravilhoso. [...] Por outro lado, se a morte é como uma passagem daqui para outro lugar, e se é verdade, como se diz, que todos os mortos aí se reúnem, pode-se, senhores juízes, imaginar maior bem?". Apoiado nessas hipóteses – as únicas existentes a respeito de um fato que não permite

---

6 PLATÃO. Defesa de Sócrates. In: *Os Pensadores*. 4. ed. São Paulo: Nova Cultural, 1987.

certezas racionais – o setuagenário Sócrates despede-se, tranquilo, de seus concidadãos: "Mas eis a hora de partirmos, eu para a morte, vós para a vida. Quem de nós segue o melhor rumo, ninguém o sabe, exceto o deus".

A execução da pena teve de ser adiada por trinta dias. Como acontece todos os anos, um navio oficial havia sido enviado ao santuário de Delos para comemorar a vitória de Teseu, o herói mitológico ateniense, sobre o Minotauro, o terrível monstro que habitava o labirinto de Creta e se alimentava de carne humana. Enquanto o navio não regressasse de sua missão sagrada, nenhum condenado podia ser executado.

[...]

Mas o barco está prestes a retornar de Delos. Na véspera de sua chegada, um dos amigos avisa a Sócrates: "Amanhã terás de morrer". O mestre não se perturba: "Em boa hora, se assim desejarem os deuses, assim seja". Suplicam-lhe que aceite a fuga que os amigos haviam preparado. Sócrates recusa e explica: "A única coisa que importa é viver honestamente, sem cometer injustiças, nem mesmo em retribuição a uma injustiça recebida". Ninguém, nem os amigos, consegue convencê-lo a abdicar de sua consciência. Entra a mulher de Sócrates, Xantipa, trazendo os filhos para a despedida. Sócrates permanece sereno. Finalmente chega o carcereiro com a cicuta. Imperturbável, Sócrates toma o vaso que lhe é oferecido de um só gole, bebendo todo o veneno. Os amigos soluçam. Mas ele ainda os anima: "Não, amigos, tudo deve terminar com palavras de bom augúrio: permanecei, pois, serenos e fortes".

Ao sentir os primeiros efeitos da cicuta, Sócrates se deita. Aquele que sempre indagara sobre o significado das palavras e dos valores que regiam a conduta humana e investigara o sentido dos costumes e das leis que governavam a cidade buscava a consciência nas ações e nas afirmativas, mas não pretendia se subtrair às normas estabelecidas e às exigências dos preceitos e das instituições sociais e políticas. Porque não traíra sua consciência, preferira a morte a declarar-se culpado. Mas porque respeitava a lei, não quisera fugir da prisão. Suas últimas palavras eram ainda um testemunho dessa dupla fidelidade: a

Os Protótipos Humanos

si mesmo e aos compromissos assumidos. Dirige-se a um dos amigos presentes, lembrando-lhe que deviam um sacrifício ao deus Asclépio. E morre.

O quarto ser – O homem metafísico da Renascença

O Ser da Ética do Humanismo Utópico

- Domínio da inteligência musical
- A percepção da realidade extrafísica e do sexto sentido.
- Crise existencial e busca da realidade existencial interior.
- Tendência de equilíbrio entre a razão e a emoção; religiosidade mística e sobrenatural.
- Quarta fase: Contextualização dos sentimentos; despertar da consciência integral.
- Reminiscência: "Que razões me levaram a este estado?"

Oxalá... fosse capaz de revelar a natureza do Homem como descrevo a sua figura.[1]

Sob a influência da civilização greco-romana, o homem atingiu um grau mediano de verticalização de seu corpo espiritual, uma graduação que poderíamos classificar, grosso modo, de 45 graus de sua consciência potencial.

Entre a recuada época de Sócrates e o tempo de Apolônio de Tiana, provavelmente um contemporâneo de Jesus, podemos afirmar que demos um grande passo na longa conquista de virtudes rumo ao nosso reino interior. Isso se deu através das mais sublimes experiências do conhecimento racional, na filosofia, nas ciências, nas artes e na organização política dos helenos.

Mas a herança biológica e o comportamento teológico ainda

---

[1] NULAND, S.B. *Leonardo da Vinci*. Rio de Janeiro: Objetiva, 2001.

falavam alto em sua natureza íntima e os próprios gregos deram início aos abusos e limites dessa razão, cujo ápice seria expresso na civilização romana. O espírito cooperativo do genos e do páter-famílias também teve seus dias gloriosos na simplicidade da vida rural romana, mas, na Itália, a organização política fez um percurso bem mais rápido e inquieto: da monarquia para o Estado republicano e deste para o Império. Roma tornou-se uma poderosa máquina de guerra e de escravidão.

Nessa civilização, o homem conheceu o seu ponto alto, na medida em que cultivava o modelo cultural grego, mas também a sua mais curiosa expressão de decadência: a guerra e o imperialismo. Segundo a lenda, os fundadores de Roma são descendentes de Enéas, que saiu de Troia para refazer a vida na península que os gregos chamavam de Magna Grécia, a parte oriental da Itália. Roma não dava um passo sem antes consultar a sabedoria e a tradição gregas. Os melhores preceptores dos filhos da aristocracia patrícia eram os pedagogos escravos helenos. Quando a plebe iniciou suas revoltas em busca de direitos sociais, o senado romano apressou-se a pesquisar como os gregos tinham solucionado o problema no tempo dos famosos legisladores atenienses. Quem não se lembra da semelhança entre os deuses gregos e seus correspondentes na mitologia romana? Quem não compara as tricas forenses de Demóstenes e Ésquines com as acusações públicas entre Cícero e Catilina? É claro que a civilização romana optou pelo pragmatismo e por uma supremacia mais forte do Estado sobre o indivíduo. Isso inibiu o surgimento de talentos raros como Sócrates, Aristóteles ou Platão, mas Roma também deu ao mundo personagens como Sêneca, Ovídio, Tácito, Virgílio, Horácio, Quintiliano e Tito Lívio. Seus estadistas são até hoje os melhores modelos de exemplar integridade e eficiência ou então de vergonhosa corrupção e incompetência no trato com a "coisa pública". Como disse um dos evangelistas, Roma conquistou o mundo, mas perdeu a própria alma caminhando inevitavelmente para a decadência. Um dos lances mais interessantes de sua queda seria o choque com o advento do Cristianismo. Roma não poderia suportar uma ideologia vinda das camadas baixas da população, algo tão inteligente e avançado a ponto de comprometer a ordem estabelecida com tanto esforço nos séculos anteriores. O orgulho romano era o reflexo mais autêntico da pré-adolescência da humanidade e tal característica manifestou-se na violência insensata contra Jesus e os mártires cristãos, cujo comportamento pacífico e diferenciado era visto como afronta a seus valores agressivos e impiedosos. O choque do sistema escravista romano com o humanismo cristão teve o resultado que todos nós conhecemos: o lento declínio da civilização e o recuo inevitável à vida feudal, visando à preservação da família romana. Mas o Cristianismo primitivo, cuja simplicidade de conceitos e coragem dos mártires conquistaram as massas desorientadas, logo sofreu o golpe da cooptação institucional.

A experiência política sacerdotal romana apropriou-se da filosofia de Jesus e das ideias eclesiásticas de seus primeiros seguidores para estruturar um novo modelo de clero e de religião. A ideia era a fusão, em uma estrutura de dogmas, do carisma cristão com o espetáculo estético das cerimônias romanas. O toque final desse perverso sincretismo seria dado pelos costumes e rituais das tribos bárbaras que iam sendo convertidas ao novo sistema de crenças. Foi assim que a figura humilde do apóstolo Pedro foi transformada na arrogante imagem do Pontifex Máximus; Pedro, depois de morto, tornou-se São Pedro, o primeiro papa de uma igreja que ele nunca conheceu quando vivo. As cartas de Paulo para as comunidades cristãs passaram a ser vistas, não como fonte de ensinamentos, mas como objetos de autenticação do novo instituto do sacerdócio oficial. Paulo também foi transformado em São Paulo, o ideólogo principal da Igreja Católica Apostólica Romana. Roma caiu, mas sua religião e seu corpo clerical permaneceram quase que intactos.

Agora a sociedade ocidental ficaria longos séculos sob a tutela da Igreja Católica. A Roma cristã transfigurou-se em instituição religiosa totalitária e dogmática, cuja função era substituir o antigo Estado no controle social e domar as feras bárbaras que buscavam refúgio nas terras mais prósperas do Ocidente. As inteligências brilhantes desapareceram por longo período do cativeiro rural e cederam espaço a mentes mais perversas e medíocres, protegidas por um grande sistema político-sacerdotal. A razão estava sob vigilância policial constante,

Os Protótipos Humanos

pois era vista como a responsável pela situação de castigos e punições que Deus havia estabelecido na Terra. O demônio, antes mera faceta neutra da personalidade humana, assume agora ares de entidade de grande importância, tanto no imaginário popular quanto na teologia da classe sacerdotal. De simples figurante no cenário da mitologia celeste, Satã passa a ter papel de estaque no enredo histórico das misérias humanas. Ele será a figura central do episódio do Pecado Original e este a base de toda a estrutura de manipulação e escravização da consciência humana. A inteligência integral está acuada. Para as pessoas de talento e imaginação fértil não há alternativa senão ingressar nas lides do sacerdócio para fugir da marginalização. Mesmo assim, havia riscos gravíssimos para a integridade física e psicológica. Viver nesse momento histórico era perigoso; pensar poderia ser fatal. Nessa época, na chamada Idade Média, o mundo ocidental estava isolado por dois inimigos bem definidos: um externo, projetado nas ameaças políticas e ideológicas das civilizações bizantina e muçulmana, contaminadas pelas heresias e pela infidelidade; outro, interno, projetado na figura mitológica de Satã, que assumia todas as culpas das desgraças naturais e consequências nefastas dos atos humanos causados por ideias pecaminosas. A Inquisição e o Tribunal do Santo Ofício foram criados nos moldes totalitários romanos exatamente para funcionar como anticorpos políticos desse universo obscuro.

O Homem Lógico-Racional não existe mais e dele só restaram lembranças e algumas experiências que foram incorporadas na prática social, como as do Homem Biológico e do Homem Teológico. As lembranças mais significativas do Homem Lógico-Racional foram depositadas nos livros e estes se tornaram segredos guardados a setes chaves nos mosteiros medievais. Apenas algumas mentes privilegiadas tinham acesso a essas preciosidades e, quando conveniente, esses conhecimentos eram criminosamente adulterados pelos copistas engajados na nova ordem teocêntrica.

As crises também são impiedosas e não toleram a rotina do tempo e a mesmice do comportamento humano. O feudalismo foi sendo corroído pela fome, pela peste, pelas guerras e também pela força expansionista do capitalismo nascente. Os

200 anos em que se empreenderam as Cruzadas foram ponto de apoio para o surgimento de uma nova mentalidade que iria quebrar o isolamento da Europa.

O comércio, comandado pela cultura pragmática dos judeus e logo assimilada pelo desejo de prosperidade da pequena burguesia, daria ao mundo ocidental um novo tipo humano, liberto dos dogmas e dos pesadelos da razão. É o Homem Metafísico, o renascimento e ao mesmo tempo a ressurreição do Homem Racional, trazendo consigo o acréscimo das marcas do universo mágico pré-histórico e o misticismo teológico das primeiras civilizações. Se a Itália havia sido cenário da morte da Razão, ela também seria o palco da volta à carne e do ressurgimento de um novo ser, agora transformado e mais experiente. Este é o ser típico da longa transição do feudalismo para o capitalismo, um dos mais empolgantes momentos da trajetória humana, cujos protótipos encontramos mais tarde em figuras geniais da Renascença. Leonardo da Vinci busca decifrar os enigmas da perfeição humana; Rafael Sanzio, Michelangelo, El Greco e Caravaggio deixam-se levar pela intuição e pintam as mais belas expressões da nossa imagem e semelhança com Deus; Shakespeare desvenda o psiquismo nos conflitos de seus célebres personagens consigo mesmos; Luís de Camões – a quem Erasmo de Roterdã deu a honra de aprender português para ler seus textos no original – canta como Homero a inquietação dos lusitanos em diminuir as distâncias geográficas do planeta; Jan Hus e Giordano Bruno perdem suas existências, mas salvam suas vidas em nome da liberdade de consciência; Gutenberg e Aldo Manúzio enchem os olhos humanos de cultura e conhecimento com suas letras impressas em livros; Miguel Servet estuda avidamente a máquina do corpo humano; Kepler, Galileu e Isaac Newton observam, deslumbrados, a grandeza e a perfeição do Cosmos; Comenius preocupa-se com os mistérios que rondam o universo da infância, no tocante ao problema do ensino e da aprendizagem. Todos eles e muitos outros, cada qual no seu campo de conhecimento e de atuação social, causariam profundas mudanças no meio em que viveram, avançando mais alguns graus na verticalização da consciência. Dentre todos, Leonardo da Vinci foi talvez o mais inquieto, aquele que buscava

Os Protótipos Humanos   131

a verdade sob os mais diversos aspectos e caminhava em mão dupla: aquilo que não podia compreender através da pesquisa transformava-se em expressão artística e vice-versa. Sua visão metafísica do ser humano e o seu fascínio tecnológico e estético pela nossa máquina física podem ser admirados tanto em seus quadros quanto nos ensaios registrados em manuscritos:

> O homem foi chamado pelos antigos de um mundo menor, e de fato o termo é corretamente aplicado, vendo-se que o homem é composto de terra, água, ar e fogo, esse corpo da Terra é o mesmo. E como o homem tem dentro de si ossos como sustentáculo e estrutura para a carne, também o mundo tem as rochas que são os sustentáculos da Terra; e como o homem tem dentro de si uma poça de sangue com a qual os pulmões quando ele respira se expandem e contraem, também o corpo da Terra tem o seu oceano, que também sobe e desce a cada seis horas com a respiração do mundo. Como da dita poça de sangue vêm as veias que espalham suas ramificações pelo corpo humano, da mesma forma o oceano enche o corpo da Terra com um número infinito de veios d'água.[2]

Em outro trecho, Leonardo revela sua inequívoca intuição sobre o papel do cérebro e sua função de instrumento de comando, pela mente, de todas as atividades orgânicas:

> Os tendões, com seus músculos, servem aos nervos como os soldados servem aos seus chefes; e os nervos servem ao *sensorium commune* como os chefes a seus capitães; e o *sensorium commune* serve à alma como o capitão ao seu senhor. Assim, por conseguinte, a articulação dos ossos obedece ao tendão, e o tendão ao músculo, e o músculo ao nervo, e o nervo ao *sensorium commune*, e o *sensorium commune* é a sede da alma, a memória seu monitor, e a faculdade de receber impressões serve como seu padrão de referência.[3]

Através de ousadas incursões teóricas desses gênios da Renascença, a perspectiva racional foi enriquecida pela visão metafísica e pela possibilidade de acesso, ainda que restrito,

---

2 NULAND, S.B. *Leonardo da Vinci*. Rio de Janeiro: Objetiva, 2001.
3 Ibdem.

aos mistérios do mundo oculto, além da matéria densa. É claro que foi pago um preço pela ousadia e inteligência de alguns poucos que possuíam, em uma sociedade ainda obscura e profundamente desigual, as características do mundo do futuro. Muitos pagaram com a própria existência, como se devessem testemunhar a imortalidade que traziam estampada em suas obras com o próprio sangue. Foi desse momento emblemático da história humana que mais tarde sairiam os mais importantes conceitos de ética e liberdade delineados pelos filósofos iluministas. Eles eram os seres de transição do Homem Metafísico da Idade Moderna para o Homem Positivo da era contemporânea.

Os Protótipos Humanos 133

O quinto ser – O homem positivo na Era Científica

O Homem Positivo da Era Científica: O Ser da Ética da Ciência e da Exploração Ambiental

- Domínio da inteligência interpessoal e dos conhecimentos tecnocientíficos dos fenômenos físicos exteriores.
- Crise existencial (afirmação e negação da mente) e busca sistemática de soluções lógicas e psicológicas.
- Conflito interior entre religiosidade e racionalidade.
- Conflito entre física e metafísica.
- A ciência como finalidade maior.
- Quinta fase: Diálogo mais livre e desbloqueio da comunicação.
- Reminiscência: "Que consequências tais sentimentos estão gerando em mim?"

A velocidade dos tempos modernos e a competição capitalista trouxeram de volta o individualismo greco-romano, tanto em seu sentido crítico como prático. A França e a Inglaterra serão os dois principais modelos de Estados modernos, cultos e racionalizados ao extremo. Desde a Renascença, seus filósofos vieram conspirando silenciosamente contra os resquícios do universo feudo-clerical. Não foi coincidência que dessas duas civilizações tenham brotado os dois mais significativos eventos da Modernidade.

Primeiramente, a Revolução Industrial, o motor econômico

impulsionador da sociedade burguesa e responsável pela consolidação do capitalismo. Os pragmáticos inventores e suas máquinas geniais surgiram da necessidade de maior produção, da sede de lucros e de reconhecimento social de uma classe que há muito vinha sendo desprezada pela nobreza. Estava em jogo, inclusive, a salvação da alma. Segundo a mais antiga tradição dos cristãos protestantes, o trabalho e a prosperidade seriam fortes indícios de que Deus estaria escolhendo os seus eleitos modernos.

O segundo evento foi a Revolução Francesa, o movimento político da burguesia contra o autoritarismo do Antigo Regime, ou seja, a injusta e desequilibrada sociedade dos três estamentos: o clero, a nobreza e o "resto" (burguesia e povo). As diferenças não estavam apenas nas anomalias dos privilégios sociais, mas claramente nos dados numéricos da população. Os monarcas absolutistas governavam sentados sobre um barril de pólvora que poderia explodir a qualquer instante. No século XVIII, cerca de 98% da população francesa viviam submetidos aos caprichos de uma minoria (2%). Como a França era a mais influente vitrine do Absolutismo, os efeitos da revolução seriam catastróficos em toda a Europa, bem como no mundo colonial. Tudo estava a favor da devastação revolucionária: povo faminto e insatisfeito, armas acessíveis e, sobretudo, ideias muito explosivas. Dessas duas rupturas que destruíram o Antigo Regime surge o novo tipo humano, cujo papel era trazer de volta ao chão os pés do Homem Metafísico, um ser em fuga, geralmente deslumbrado com a grandeza do universo. Os iluministas ainda possuíam fortes traços metafísicos e viviam em permanente estado de conflito entre a Utopia e a Razão, entre o sonho aristocrático e a dura realidade capitalista burguesa. Após os anos explosivos da Bastilha e da expansão napoleônica, surge uma época bastante diferente das anteriores e muito marcante para as décadas futuras: o século XIX, período da Ciência, do materialismo, do desencanto e do absinto.

A burguesia venceu sua batalha racional e dela nasceria o Homem Positivo, o demolidor de tradições místico-religiosas, empunhando a marreta da pesquisa científica e da lógica de causa e efeito. Como personagens do Apocalipse, eles surgem dos laboratórios e dos gabinetes dispostos a varrer os escom-

Os Protótipos Humanos 135

bros da demolição iniciada por Voltaire e os subversivos da Ilustração. Darwin e Spencer, protótipos positivos, fecham a Bíblia nas páginas iniciais da Gênese mosaica e afirmam que Adão nunca existiu e que somos produtos de uma evolução seletiva da qual Deus foi apenas um espectador. Nietzsche vai além e diz que Deus está morto. Marx demonstra que a história é um jogo dialético de classes sociais dominantes e dominadas. Os socialistas utópicos são substituídos pelos científicos, que pretendem inverter à força essa perversa relação social. A Igreja reage e retrocede ainda mais no dogmatismo, afirmando que o papa é o único representante da Divindade e que, portanto, é um ser infalível e acima dos homens comuns. Está instalada a confusão entre a fé e a razão. É uma inimizade antiga na qual o clero, por exercer o *status* de estamento superior, havia acumulado vantagens e ódios, massacrando inúmeras inteligências independentes. Mas a razão preparou um revide à altura desses abusos e deseja que a agonia da religião seja levada ao extremo da asfixia. Essa polarização da arrogância clerical e do orgulho dos filósofos e cientistas materialistas era a razão de ser do Homem Positivo. Sua vida era uma investigação contínua, incessante. Tudo tinha uma razão de ser e merecia uma explicação científica. O que é o sobrenatural? O que significam o oculto e o esotérico? Eram meras hipóteses e estas precisavam ser submetidas ao teste positivo da ciência. Antes, a ciência e o seu objeto de investigação se confundiam e acabavam confundindo o observador dos fenômenos, cujas explicações continuavam obscuras. Agora, ela se separa do objeto e o pesquisador tenta se posicionar o mais neutro possível. As questões sagradas e sobrenaturais do universo transcendente devem ser filtradas e trazidas para a esfera banal e natural da realidade do mundo imanente. Daí a necessidade de postura rígida, fria, calculista, cética, sem envolvimento emocional. As massas estão confusas, porém as elites continuam atentas.

Nas primeiras décadas do século XIX as batalhas entre a fé a e razão serão de provocações inconsequentes; mas, ao que tudo indica, elas serão mais agressivas e contundentes na medida em que o tempo avança para o futuro incerto. Entre 1815 e 1850, do Congresso de Viena até o início da segunda metade do século, no terreno político-internacional predominou uma relativa calmaria em relação aos tumultuados anos anteriores. Mas, no terreno ideológico, havia uma efervescência constante nas disputas entre socialismo e liberalismo, nacionalismo e reação conservadora. Antes que explodissem os conflitos de 1848, que se estenderiam até as duas grandes guerras mundiais do século seguinte, o debate entre fé e razão prosseguia indiferente aos acontecimentos. Eram posturas extremistas, sem possibilidade de equilíbrio: dogmas de fé *versus* dogmas de ciência. A diferença era apenas no colorido das paixões. Auguste Comte tentou sobreviver a esse caos ideológico, mas caiu na própria armadilha que armara para iludir religiosos falsos e falsos cientistas. Sua igreja positivista era a síntese patética dessa fusão horrorosa entre o ceticismo e a crença vazia das tradições dogmáticas.

Mente versus Cérebro

> A lembrança não poderia resultar de um estado cerebral. O estado cerebral prolonga a lembrança; faz com que ela atue sobre o presente pela materialidade que lhe confere; mas a lembrança pura é uma manifestação espiritual. Com a memória estamos efetivamente no domínio do espírito.[1]

No século XIX desencadeou-se uma das mais intrigantes guerras ideológicas que a humanidade já havia presenciado. Em plena era industrial, a ciência foi estruturando-se em rígidos sistemas racionalistas e passou a questionar todo tipo de conhecimento que não se adequava aos paradigmas da sociedade capitalista. O principal deles era a religião católica, cujos dogmas medievais impediam a expansão da moralidade burguesa e, principalmente, de seus interesses econômicos. Era uma espécie de vingança histórica contra os abusos e as perseguições aos livre-pensadores, que, durante séculos, vinham sendo esmagados pelo terrorismo inquisitorial. Charles Darwin, Herbert Spencer, Karl Marx e Friedrich Nietzsche foram, entre tantos outros, os principais demolidores da fé dogmática e da propagação das teorias materialistas. Essa guerra de ideias foi

1 BERGSON, Henri. *Matéria e memória*. 2. ed. São Paulo: Martins Fontes, 1999.

Os Protótipos Humanos

polarizada em diversos campos, mas, em alguns deles, as batalhas certamente foram mais ardentes e encarniçadas: biologia *versus* física; mente *versus* cérebro; determinismo *versus* livre-arbítrio; materialismo *versus* espiritualismo. O conflito prosseguiu e o chamado pensamento científico veio levando todas as vantagens sobre o adversário religioso, pois tudo parecia convergir para o encontro de seus interesses, e adentrou o século XX com força avassaladora. Para se ter noção da combinação entre ciência e capital, os conflitos militares, que raramente ultrapassavam os limites das ambições fronteiriças das nações, romperam de forma espetacular a barreira geográfica. Tal união conseguiu transformar as guerras locais e regionais em guerras mundiais. Não foi por outro motivo que elas se ampliaram: o capital tornou-se um interesse mundial e a guerra acompanhou a mesma tendência de globalização. Ante o festival de posturas radicais de céticos e crentes, surge nessa transição entre dois séculos uma inteligência fora dos padrões comuns na época e que causaria certo desconforto entre os dois extremos do conflito. Em meio ao longo percurso da confusão entre o ser e o não ser, o filósofo francês Henri Bergson (1859-1940) observa calmamente essas discussões estéreis e dispara uma pergunta fatal: "Se a mente é a matéria, para que serve a consciência?".

A pergunta era também uma resposta às posturas dogmáticas dos religiosos, em sua maioria coniventes com a escravização de consciências, e também aos cientistas, que agora assumiam de forma arrogante a posição de novos sacerdotes e donos da verdade. A questão que permanecia no ar era a seguinte: Afinal, o que é a mente? É uma realidade ou uma ilusão? Ilusão de ótica ou ilusão mágica provocada pela inteligência humana?

Na perspectiva teórica materialista, a mente é algo concreto, espacial, lógico, objetivo, físico, absoluto. Já na perspectiva espiritualista, ela é vista como algo mais abstrato, temporal, psicológico, subjetivo, metafísico e, portanto, relativo. Apesar do confronto de opiniões, as duas facções filosóficas estavam buscando respostas dentro de seus modelos de pensamento. Mas Bergson, livre das limitações do método positivo e dos dogmas religiosos (mesmo porque não estava muito preocupado em provar nada, a não ser para si mesmo), entendia que a questão essencial dessa discussão sobre a vida e a existência estava na compreensão de outras coisas que antecediam essas teorias, como, por exemplo, a necessidade de uma filosofia do tempo. Sem essa filosofia seria impossível entender tais fenômenos existenciais. Dizia ele: "Tempo é duração, portanto, transformação". Para ele, o essencial não era definir a existência ou a não existência, mas compreender que as coisas mudam e por que mudam. Somente os seres que observam o tempo passar podem compreender a si mesmos. Somente aqueles que estabelecem a interligação existencial entre passado, presente e futuro podem estabelecer a relação entre causa e efeito. Mesmo os seres inferiores da Criação se guiam pelos ciclos do tempo natural, pelo clima, pelas estações, pelos ventos, chuvas, secas e tantos outros fenômenos da rotina natural. Já os seres humanos se guiam pelo tempo histórico, cujas referências são os acontecimentos e as experiências adquiridas, os fatos marcantes da existência. Negar o tempo é o que se chama de alienação e certamente da consciência. Bergson insiste nesta lógica causal: "Tempo é acúmulo. O futuro é a transformação do passado".

A consciência passa a ser o grande fator diferencial em todas as discussões existencialistas. Se alguns querem apenas conhecer e explicar os mecanismos da vida, enquanto outros querem fazer desse conhecimento um ato religioso e de adoração, o problema da consciência deverá sempre estar presente, pois funciona como termômetro dos observadores sobre todas as coisas. Ao proceder a tais reflexões, o pensador francês concluiu que todos somos criaturas em constante processo de mutação, suscetíveis a mudanças enriquecedoras e livres para pensar e agir na construção de nossos destinos: "Para um ser consciente, existir é mudar, mudar é amadurecer, amadurecer é continuar criando a si mesmo eternamente".

Desafiando o dogma da superioridade humana sobre os demais reinos da natureza, Bergson nos leva a admitir que a consciência é um estado de percepção e atuação que antecede os órgãos físicos que lhe facilitam a manifestação no meio em que vivem. Para cada estado existencial, configura-se um grau de consciência proporcional à necessidade daquele respectivo ser: "Teoricamente, então, tudo o que está vivo pode estar consciente; não é

Os Protótipos Humanos   139

necessário ter cérebro para estar consciente, assim como não é preciso ter estômago para digerir. Uma ameba faz digestão".

Nessa comparação aparentemente irônica, Bergson descobriu a roda da evolução anímica, uma verdade muito antiga ensinada nas mais conhecidas escolas iniciáticas do Oriente. Outros filósofos contemporâneos e espiritualistas também raciocinavam nessa mesma linha. Para eles, todos os seres são vivos e o que os diferencia é exatamente o grau de consciência que carregam em seu psiquismo potencialmente evolutivo: no reino mineral, a consciência dorme; no reino vegetal, ela sonha; no reino animal, ela desperta; no reino hominal, ela rompe o limite da irracionalidade e ganha novas dimensões, que nunca cessam até a plenitude na eternidade à frente. Somente os seres humanos superam gradualmente os instintos e o determinismo biológico e passam a fazer as escolhas que caracterizam o livre-arbítrio. Viver é fazer escolhas, tomar decisões, adotar posturas, enfim, manter o controle da máquina corporal e do sistema operacional mental. É assim que passamos a ter um grau mais complexo de consciência, que sabemos que existimos, que nos comportamos com exclusividade individual e que fazemos parte de um plano vivencial. E esse plano possui, aos nossos olhos ainda muito limitados, dois aspectos: o da Vida e o das Existências. Pela própria lógica do tempo que observamos, seja absoluto ou relativo, concluímos que a nossa Vida é única, mas as nossas Existências são diversas. Mesmo assim, continua funcionando em dois aspectos: o individual, que é intrapessoal; e o coletivo, que são as nossas relações interpessoais, pela lei da sociedade. A combinação desses dois sentidos vivenciais resulta na formação de nossa personalidade, processo de uma longa jornada de construção no tempo e no espaço. Abrangendo a vida pessoal e coletiva, a consciência desperta e se desenvolve na medida em que amadurecemos pela idade biológica ou pelas incontáveis experiências que realizamos em suas inúmeras existências.

Consciência, portanto, é saber quem somos, que temos uma memória e participamos de um grupo social em determinado tempo da história. Cada um de nós tem um passado e também fazemos parte da história de todos e de tudo que acontece ao nosso redor. Quem não possui essa consciência torna-se alienado, isto é, inconsciente, desligado da realidade que o cerca, fora do contexto histórico em que vive. Ao persistir nessa alienação, o ser quase sempre permanece dominado e dependente dos outros; não usa o livre-arbítrio porque não faz escolhas conscientes; anula, assim, a sua individualidade e permite que outras consciências façam as escolhas que ele deveria fazer.

Mas o despertar da consciência em graus mais complexos só ocorre quando começamos a conversar conosco, fazendo perguntas e tentando digerir respostas. Esse despertar é caracterizado pela constante insatisfação do ser consigo mesmo e com o que acontece ao seu redor. Para evitar desequilíbrio, sempre tomamos algumas providências defensivas para suportar as constantes crises que nos assaltam a alma. Dependendo da circunstância, a humildade, a aceitação, a resignação são defesas muito úteis; em outras situações, optamos pela agressividade em suas diversas manifestações. E assim vamos tocando o barco, sempre rio acima. Mesmo quando paramos em algum porto, que é o tempo presente, ou quando ficamos à deriva, muitas vezes arrastados pelas correntezas do tempo passado, não perdemos a noção de que estamos nos dirigindo rio acima, que é o tempo futuro. Para cada ser, esse percurso tem um significado muito pessoal e uma dinâmica diferenciada. Cada um tem o seu tempo e o seu ritmo, mas todos têm o mesmo destino.

Esta é chave da consciência mais ampla e da busca de autorrealização em que todos nós persistimos; é a equação existencial que tenta solucionar a ligação entre estas três referências de tempo que ocupam as nossas mentes: o que fui, o que sou e o que serei. Tal solução só será encontrada quando estivermos preparados para conhecer a Verdade integral e não em partes, como fazemos atualmente. São dúvidas que carregaremos para o futuro e sabe-se lá quando estaremos maduros e satisfeitos com as respostas. Mas a importância não está nas respostas em si, pois se as obtivéssemos agora, provavelmente não as compreenderíamos integralmente, com o devido valor que elas exigem. O que importa neste momento são as experiências e reflexões delas decorrentes, com todas as dificuldades e implicações que elas representam em nossas vidas. Isso é o que podemos chamar de estado de coisas, de consciência.

Os Protótipos Humanos

O sexto ser – O homem psicológico da Era Informacional

O Homem Psicológico da Era Informacional: O Ser da Ética da Cidadania e da Sustentabilidade

- Domínio da inteligência intrapessoal e dos conhecimentos tecnocientíficos dos fenômenos metafísicos interiores.
- Funcionamento da consciência integral e tendência à plenitude existencial.
- Harmonia entre física e metafísica.
- Religiosidade interior voltada para soluções exteriores; solidariedade social.
- Sexta fase: Aceitação e experimentação mais imediata dos sentimentos.
- Reminiscência: "Por onde posso começar a mudar a situação?"

> A não violência é o primeiro artigo da minha fé; e é também o último artigo de meu credo. Mas tive de fazer a escolha. Ou submeter-me a ela. Ou submeter-me a um sistema que considero um mal irreparável para o meu país, ou incorrer no risco de que o furor do povo irrompesse ao ouvir a verdade de meus lábios.
>
> MAHATMA GANDHI

O advento do sexto ser é visto, equivocadamente, como a realização plena da humanidade. Isso porque os seus protótipos se destacaram pelo alto espírito de altruísmo e desprendimento dos interesses materiais.

Na verdade, todos esses seres experimentaram intensa luta interior entre o Ego e a personalidade. Muitos, embora não demonstrassem, ainda identificavam em si alguns resquícios da presença do grande inimigo da evolução espiritual humana: o egoísmo. Obviamente com senso autocrítico muito aguçado, tratavam essa tendência pessoal de forma mais harmônica, com uma aceitação tão convicta que pareciam ter completo domínio sobre o problema. O Narciso que traziam dentro de si há muito agonizava e dava os últimos suspiros no esforço derradeiro de sobrevivência. Não podiam mais resistir ao impulso da transformação que movimenta o mundo interior dos seres. Mesmo assim, essa autoadmiração, que vinha sendo tratada com muito rigor, não merecia o desprezo que normalmente damos aos nossos defeitos nem a bajulação que endereçamos às nossas possíveis virtudes. Ao perceberem alguma reação ou atitude que lembre o comportamento egoísta, geralmente em situação altamente contraditória e de prova, esses seres buscam imediatamente refúgio na humildade e na humilhação, para eles antídotos tão naturais e infalíveis como qualquer mecanismo de defesa adotado pelas formas vivas mais primitivas, até as mais sofisticadas. Se a presa animal se paralisa bruscamente para frustrar o ataque do predador, o ser humano brando e pacífico geralmente desarma o seu agressor adotando uma inesperada forma de reação ao gesto agressivo e contundente: o amor e o perdão. Para desenvolver essa habilidade intrapessoal, é necessário muito esforço para impedir que o Ego se manifeste antes da personalidade. Trata-se de um controle obtido por esforços repetitivos, até que se transforme em reação natural e não mais planejada. Como bem explicou e exemplificou Santo Agostinho, é assim que um defeito se transforma em virtude.

Os grandes inimigos do ser humano da era digital é o narcisismo e o niilismo. O excessivo culto ao EU e a indiferença para com a espiritualidade são os novos vírus mentais que o afastam da experiência transcendental. Porém, livre dos exageros do ascetismo hipócrita ou das metodologias complexas da autoajuda, o ser humano atual pode trabalhar essa mudança de forma mais inteligente e prática, com a mesma simplicidade com

Os Protótipos Humanos   143

que os mais antigos faziam. Humildade e humilhação não significam senão uma aparente anulação de si mesmo. Para fazer essa concessão, é necessário ter muita coragem e disposição para vencer o mundo, vencendo a si mesmo. Essas vitórias se dão através do amadurecimento gradual da consciência, fenômeno psicológico cuja duração depende da potencialidade de maturação do ser. Para uns são necessárias muitas existências para que ocorra a transformação essencial; para outros, basta uma.

Jesus viveu em uma época em que o racionalismo greco-romano ainda era a marca dominante da civilização ocidental. Mesmo tendo nascido e vivido em uma sociedade teocrática e reforçada pelo monoteísmo, ele manifestava características do Homem Psicológico que começa a surgir no terceiro milênio e, em determinados momentos, as de um Sétimo Ser, cujas experiências já haviam ultrapassado os limites humanos conhecidos não só naquela época como também ainda hoje. Encontramos outros seres nessa condição em plena Idade Média, como Francisco de Assis. Dos apóstolos de Jesus, João Evangelista já possuía tal perfil psicológico, condição que lhe permitia a manifestação de diversos tipos de percepção extrassensorial ou habilidades mediúnicas. Isso mostra que a evolução da consciência humana não seguiu rigidamente uma linearidade histórica obrigatória e, sim, caso a caso, revelando que alguns seres mais avançados poderiam realizar tais experiências em outros mundos. No mundo contemporâneo, especificamente no século XX, encontramos vários protótipos desse Homem Psicológico.

O que é a sensibilidade metafísica, senão uma tecnologia mental, reflexo da evolução intuitiva?

Muitos filósofos da pós-modernidade, sobretudo o canadense Marshall McLuhan, celebraram os sinais do futuro como sinônimo da tecnologia cibernética. Sua teoria de que as máquinas são extensões do corpo humano ganhou força quando a microeletrônica deu seus primeiros passos nas décadas de 1950 e 1970. Se a roda era uma extensão dos pés e inúmeros outros equipamentos exerceriam o papel dos braços e dos olhos, o advento do microcomputador certamente seria a estrela da apoteose tecnológica, pois este seria o perfeito substituto do cérebro. Já entramos na era digital e a informática segue em sua missão de impor-se como peça essencial da inteligência artificial. Há dúvidas quanto a isso, sobretudo porque ainda permanece no ar e no calor dos debates científicos a diferença entre o cérebro e a mente. É uma discussão tão inútil e infantil quanto o embate entre criacionistas e evolucionistas, cujas posturas limitadas distorcem o debate para rumos ideológicos, como se essa questão fosse exclusivamente um problema de guerra entre o darwinismo ortodoxo e o cristianismo fundamentalista. Como discutir e debater de forma inteligente esse assunto, se os fenômenos psíquicos são dogmaticamente rejeitados pela chamada comunidade científica? No cerne do problema está a paranormalidade psíquica, uma faculdade mental ou cerebral, não importa, que existe, que se mostra por fatos públicos e notórios, mas que não consegue ser digerida ideologicamente pelo orgulhoso homem contemporâneo. Admitir a paranormalidade é o equivalente a admitir que somos essencialmente iguais aos mais selvagens e primitivos seres humanos do passado, também dotados dessa faculdade de percepção extrassensorial. Para os membros da aristocracia acadêmica, é inadmissível que um ser civilizado como o homem da era digital, portando dons sensitivos, tenha comportamento semelhante ao dos supersticiosos membros de uma sociedade tribal. Esquecem os pretensiosos cientistas que, tal como a tecnologia material, a tecnologia mediúnica também veio sofrendo transformações desde os tempos primitivos. A sensibilidade mágica e totêmica evoluiu para as profecias oraculares até chegar à fase atual, na qual suas manifestações representam enorme diversidade de características, de acordo com o grau de inteligência e intuição de seu portador. A extensão tecnológica do cérebro não se encontra nos equipamentos de tecnologia material e sim nas possibilidades energéticas do corpo e nas habilidades psíquicas. Trata-se de uma faculdade inerente a todos os seres humanos, cuja potencialidade só depende de treinamento e uso adequado. Ela tanto pode ser utilizada grosseiramente como uma enxada no uso da terra, como ainda fazem os feiticeiros tribais, como pode, de forma sutil, semelhante à transmissão digital, promover a troca de ideias pela intuição e telepatia. Em "A Grande Síntese", obra lida e elogiada por Albert Einstein, o autor Pietro Ubaldi assim

Os Protótipos Humanos 145

se expressa quando fala do futuro da intuição e das possibilidades humanas nesse terreno da tecnologia mental:

> Os estudos das ciências psíquicas é o mais importante do que hoje podeis fazer. O novo instrumento de pesquisa que deveis desenvolver e que está naturalmente se desenvolvendo é, de fato, vossa consciência latente. Tendes olhado bastante fora de vós; agora, deveis resolver o problema de vós mesmos, e tereis resolvido os outros problemas. Acostumais, desde já, o vosso pensamento a seguir esta nova ordem de ideias e, se souberdes transferir o centro de vossa personalidade para essas estratificações profundas, verificareis surgirem em vós sentidos novos, uma percepção anímica, uma faculdade de visão direta que não mais do que aquela intuição de que vos tenho falado. Purificai-vos moralmente, afinai a sensibilidade do instrumento, que sois vós mesmos, e, só então, podereis ver. Os que absolutamente não sentem estas coisas, os que não estão maduros, fiquem de lado; voltem, mesmo, a envolver-se na lama de suas baixas aspirações e não procurem o conhecimento. Este é prêmio concedido somente a quem o tenha duramente merecido.[1]

É interessante lembrar que esse grande filósofo e educador italiano produziu grande parte de suas ideias sobre o futuro cognitivo da humanidade quando residiu no Brasil, na cidade paulista litorânea de São Vicente, onde faleceu em 1971. Seu corpo está sepultado no cemitério do Parque Bitaru. Na lápide de seu túmulo está gravada uma curiosa reflexão sobre o advento e as características de uma nova civilização psicológica: Fundatore della nuova civilita del III Milênio, a ricordo imperituro della sua opera immortale.

A grande maioria dos protótipos psicológicos, como Pietro Ubaldi, é dotada de habilidades sensitivas naturais, explícitas ou implícitas. No primeiro caso, a sensibilidade funciona como meio e fim; no segundo, ela não é necessariamente essencial, pois a habilidade pessoal dispensa o contato e o uso da fenomenologia. É o caso, por exemplo, do Mahatma Gandhi, cuja inteligência intuitiva dispensava qualquer artifício exterior que pudesse entrar em conflito com a sua proposta de humildade e naturalidade absolutas. Seu sexto sentido, sempre muito aguça-

1 UBALDI, Pietro. *A grande síntese*. 11. ed. São Paulo: LAKE, 1979.

do, conduzia-o irresistivelmente para a exemplificação de suas ideias, já que o seu grande inimigo não era o ceticismo, mas a violência, o orgulho e a arrogância. Nesse caso, o fenômeno paranormal tornou-se dispensável, pois o problema era exatamente o contrário, isto é, o excesso de crença e de ideologia; daí a sua opção estratégica por um aspecto que mais o impressionou no Cristianismo: o constante exemplo de tranquilidade e mansuetude de Jesus. É, sem dúvida, o caso de dimensão psicológica que mais chama a atenção em nosso tempo, tanto por suas características incomuns como por sua repercussão mundial. O grau de consciência do Mahatma revelou uma curiosa inter-relação de identidade de conceitos, tornando-o uma prova viva da universalidade ou do caráter cósmico que orienta a experiência humana. Gandhi tornou-se unanimidade entre todas as religiões e filosofias humanistas que pregam a tolerância. Gandhi é o próprio paradoxo: ele é a religião e a filosofia de vida que almejamos e, ao mesmo tempo, a negação da religião e da filosofia que praticamos. Seu brutal assassinato é prova de como o seu modo de vida e de ver as coisas causavam repugnância e ódio ao Homem Biológico que ainda insistimos em conservar em nosso íntimo. Gandhi ainda é o Homem do Futuro.

Mas como atingir esse grau de maturidade? Quando e em que época a humanidade terá entre seus membros e presente em suas diversas culturas essas características de um novo ser? Certamente, essa mudança também ocorrerá no meio ambiente: um novo ser humano viverá em um novo mundo, uma sociedade diferente daquela que vinha sendo desenvolvida há séculos e que está dando os seus últimos suspiros no planeta. As aristocracias da força e dos privilégios, que dominaram nos primeiros milênios da experiência humana, já esgotaram suas possibilidades de satisfazer às necessidades sociais e aos desafios que se apresentam no presente milênio. Não existe mais espaço para as desigualdades, porque já foi apontado o rumo do respeito pelas diferenças; não há mais clima para as guerras e para a violência, porque já aprendemos o caminho da aceitação e da solidariedade; já não há mais justificativa para os tormentos pessoais, para as fugas e autodestruição, porque já alcançamos a capacidade da autoajuda e do conforto do autoequilíbrio;

não há mais necessidade das tragédias existenciais familiares, da dor e da morte do corpo, porque já estamos desvendando os segredos técnicos e genéticos de diversos conhecimentos que nos conduzem em caminhos seguros e satisfatórios no campo da saúde e do destino. Nas últimas décadas do século XX pairavam entre nós a dúvida e a incerteza sobre o futuro da humanidade. Nos anos de 1970 e 1980 não víamos no horizonte senão a escura perspectiva da degeneração e de uma catástrofe nuclear. O sonho de paz e amor dos hippies foi sendo massacrado pela ambição desmedida dos jovens yuppies; a liberdade sexual e as experiências aparentemente inofensivas do psicodelismo resultaram na devastação causada pela cocaína e pela AIDS; uma sucessão de guerras e revoluções no jogo da Guerra Fria das superpotências, bem como a gana capitalista, colocou em risco não só o meio ambiente como também a própria existência do planeta, tal a irresponsabilidade no uso dos recursos naturais e na disputa armamentista. Vivíamos, naqueles terríveis anos de medo e ansiedade, antes da globalização, um clima de apocalipse. O mundo realmente estava acabando e poucas foram as vozes serenas que se arriscaram a emitir opiniões sobre o que estava acontecendo sem correr o risco de serem acusadas de falsa profecia e de espírito de seita ou de gurus. Nesses momentos de insegurança e de falta de rumos, as ficções científicas e também as utopias brotam nos jardins da esperança. Velhos autores da Antiguidade clássica e da Renascença, utópicos socialistas e visionários do século XIX, todos reaparecem nas estantes, no cinema e nas séries da TV. Verne, Huxley, Asimov, McLuhan, Tagore, Einstein, Gandhi, King, Rogers, Morin, Rohden e muitos outros se misturam em grande diversidade de conhecimentos e experiências e fazem o papel dos antigos profetas bíblicos. Eles dão notícias de uma época distante, do tempo relativo, da possibilidade do vir a ser. Por isso, são compreensivelmente devorados pelos famintos do alimento futuro.

Um Novo mundo, Uma Nova Pessoa

Nosso mundo está em uma tumultuada agonia, agonia sem parto. Isto bem pode ser a desintegração precedente à destruição de nossa cultura pelo suicídio de um holocausto nuclear. Por outro lado, o terrorismo, a confusão, o desmoronamento de governos e de instituições podem ser as dores de um mundo em trabalhos de parto [...] nas aflições do nascimento de uma nova era [...] do nascimento de um novo ser humano, capaz de viver nessa nova era, nesse mundo transformado. Estamos diante não de uma, mas de várias mudanças inevitáveis de paradigmas. Os velhos padrões se desvaneceram. Isto nos inquieta e nos deixa incertos.

A busca por uma unidade material (moléculas, átomos, núcleos do átomo, inúmeras micropartículas) do universo foi infrutífera. Ela não existia. As partículas eram padrões de energia oscilante. Toda nossa percepção da realidade se desvaneceu em irrealidade. Nosso mundo era diferente de qualquer coisa que tivéssemos imaginado. Não existe solidez nele.

Partículas gêmeas, com o mesmo spin, poderiam ser separadas. Se o spin de uma dessas partículas é alterado, o spin da outra muda instantaneamente. Como essa partícula "sabe" o que está acontecendo à sua partícula gêmea?

Existe no universo um misterioso e desconcertante vínculo de comunicação.

Nesse novo paradigma, matéria, tempo e espaço desaparecem como conceitos absolutos ou como conceitos significantes. Existem apenas oscilações. A solidez de nosso mundo desapareceu. O velho paradigma não serve mais.

A ciência – pedra angular da nossa era tecnológica – não é mais simplesmente um sistema linear de causa e efeito, mas é uma descrição maravilhosamente complexa do processo recíproco de causa e efeito através do qual o universo está criando a si próprio!

Fritjof Capra e Gary Zucav demonstram a convergência entre a física racional e teórica do ocidente e o esoterismo pragmático oriental.

A epistemologia de Murayama demonstrou que os sistemas vivos só podem ser entendidos através do reconhecimento

Os Protótipos Humanos

do fato de que existem interações recíprocas de causa e efeito. Estas ampliam os desvios e permitem o desenvolvimento de informação nova e de novas formas.

O prêmio Nobel em química Prigogine provou que quanto mais complexa a estrutura – química ou humana – mais energia ela despende para manter a complexidade. O cérebro humano, com apenas 2% do corpo, utiliza 20% do oxigênio disponível. Um sistema complexo é instável e nele ocorrem flutuações ou "perturbações". Se elas são pequenas, ele as dissipa. Se elas são grandes, elas são aumentadas e ampliadas pelas conexões do sistema. As perturbações atingem um ponto tal que o sistema – químico ou humano – é conduzido a um estado alterado, novo, mais coerente, mais ordenado e complexo. É uma nova forma de ser.

Esta mudança não é uma mudança gradual, é súbita, com vários fatores operando ao mesmo tempo para forçar a alteração. Segundo Ferguson, "Quanto mais complexo um sistema, maior o seu potencial para a autotranscendência: suas partes cooperam para reorganizá-lo".

A teoria holográfica de Karl Pribam está alterando não apenas a nossa compreensão de como percebemos – e talvez mesmo criemos – a realidade.

Barbara Brown demonstra em seu trabalho sobre biofeedback que a mente é uma entidade maior do que o cérebro, e que o nosso intelecto não consciente é capaz de realizar proezas como controlar uma única célula selecionada entre trilhões de células do corpo.

Aspy, Roebuck e Tauch mostraram que, dado o clima psicológico adequado, a aprendizagem e a mudança de comportamento ocorrem num ritmo acelerado.

Facilitar a expressão de sentimento, potencializar a pessoa, liberar o indivíduo para uma escolha mais autônoma, resulta em mais aprendizagem, mais produtividade, mais criatividade, do que a que resulta do exercício de poder sobre a pessoa.

Potencializar a pessoa é colocar em movimento um processo que pode revolucionar a família, a escola, a organização, a instituição, o Estado. Estamos diante de uma mudança paradigmática.

Outras potencialidades humanas, de longa data conhecidas, mas desconsideradas, têm recebido uma nova apreciação. Fenômenos paranormais, como a telepatia, clarividência, precognição têm sido suficientemente testados e aceitos por associações científicas. Energias curadoras, que operam consciente ou inconscientemente, não são mais motivo de escárnio, mas partes de uma medicina holística. O poder da meditação, de forças transcendentais é também conhecido.

A realidade, como a temos conhecido – matéria, tempo e espaço –, não existe mais de nenhuma forma fundamental. Estamos frente a uma realidade misteriosa de energias oscilantes que operam formas bizarras. É uma realidade de uma interconexão quase que mística, uma relação da qual participa cada entidade, tanto animada quanto inanimada.

Como indicou um grande cientista, o universo não se parece mais com uma grande máquina. Assemelha-se a uma grande "ideia".

Um novo mundo

Este novo mundo será mais humano e humanitário. Explorará e desenvolverá as riquezas e capacidades da mente e do espírito humano. Produzirá indivíduos que serão mais integrados e plenos.

Será um mundo que valorizará a pessoa individual, o maior de nossos recursos. Será um mundo mais natural, com um renovado amor e respeito pela natureza.

Desenvolverá uma ciência mais complexa e humana, baseada em conceitos novos e menos rígidos. Sua tecnologia objetivará o engrandecimento das pessoas, ao invés da exploração delas e da natureza.

Libertará a criatividade, à medida que os indivíduos sentirem o seu poder, suas capacidades, sua liberdade.

Este é o novo mundo em direção ao qual estamos inevitavelmente nos movendo: uma nova realidade, uma nova ciência, um novo ser, em constante processo de transformação.

Quem será capaz de viver neste mundo completamente es-

Os Protótipos Humanos

tranho e novo?

Uma nova geração de conspiradores. Os jovens na mente e no espírito. Os jovens de corpo se juntarão a pessoas mais velhas que absorveram os conceitos em transformação. Não todos, naturalmente. Eles já estão nascendo.

Um novo ser e suas qualidades

Nosso conceito de pessoa está diante de uma drástica mudança. Esta pessoa tem um potencial inimaginado, está ganhando tanto uma nova consciência de sua força e poder quanto o reconhecimento de que a única coisa constante na vida é o processo de mudança. Parece que precisamos ver o indivíduo primariamente como uma pessoa que está continuamente se transformando, uma pessoa transcendente.

Estas pessoas vivem a vida como um processo, como um fluxo de energia, uma transformação. A vida rígida, estática, não atrai mais.

Vivem numa relação confortável com a natureza, um parentesco responsável. A ideia de "conquista da natureza" é um conceito a que são avessas.

Veem que poder sobre os outros é simplesmente outra forma de conquista, igualmente inaceitável e a que são igualmente avessas. O objetivo delas é potencializar cada indivíduo, compartilhar o poder em empreendimentos comuns.

Experienciam sua relação com os outros como parte de sua relação com a natureza. Esta relação fundamenta a construção de comunidades em uma escala humana, o seu flexível modo de lidar com problemas comuns.

Não gostam de viver em um mundo compartimentalizado – corpo e mente, saúde e doença, intelecto e sentimento, ciência e senso comum, indivíduo e grupo, sadio e insano, trabalho e divertimento. Em lugar disso, empenham-se no sentido de uma totalidade de vida, experienciando o pensamento, o sentimento, a energia curadora, todos, de uma forma integrada.

Estes indivíduos são fundamentalmente indiferentes a posses materiais, confortos, recompensas. Dinheiro e símbolos de status material não são o objetivo deles. Podem viver em abundância, mas de nenhuma forma isto lhes é necessário. São pessoas que buscam e seu questionamento é de uma natureza essencialmente espiritual. Estão conscientes e são influenciados pelos ritmos mais amplos do universo. Estão familiarizados com os estados alterados de consciência, com a energia psíquica, com experiências de meditação ou místicas. Querem encontrar um significado e objetivo na vida que transcenda ao indivíduo.

Têm uma abertura para o mundo – tanto interior como exterior. São abertas à experiência, a novos modos de ser, a novas ideias e conceitos e a um recém-descoberto mundo de sentimentos.

Vejo estas pessoas valorizarem a comunicação como meio de dizerem as coisas como elas são. Rejeitam a hipocrisia, a mentira e a conversa dúbia de nossa cultura. São abertos, por exemplo, sobre suas relações sexuais, em vez de manterem uma vida reservada ou dupla.

São interessadas pelos outros, ávidas para serem úteis quando a necessidade é real. Seu interesse é um interesse suave, não moralista, não avaliativo. Suspeitam de pessoas que "ajudam" profissionalmente.

Têm antipatia por qualquer instituição altamente estruturada, inflexível, burocrática. Acreditam que a instituição deve existir para as pessoas, e não o inverso.

Têm confiança em sua experiência e profunda descrença pela autoridade externa. Fazem seus próprios julgamentos morais, mesmo que desobedeçam abertamente a leis que consideram injustas.

Suas vidas são construídas sobre uma filosofia consistente – uma confiança básica na natureza construtiva do organismo humano, um respeito pela integridade de cada pessoa, uma crença na ideia de que a liberdade de escolha é essencial para uma vida plena, uma crença de que a comunicação harmoniosa entre indivíduos pode ser facilitada, um reconhecimento de que a experiência de comunidade íntima é essencial a uma boa vida.

Elas estarão à vontade em um mundo que consiste somente de energia em vibração, um mundo sem uma base sólida, um

Os Protótipos Humanos   153

mundo em processo de mudança, um mundo que a mente, no seu sentido mais amplo, tanto está consciente como cria a nova realidade. Elas serão capazes de viver as várias mudanças paradigmáticas.

Sobreviverão estas novas pessoas? A taxa de mortalidade infantil entre aqueles que são acentuadamente diferentes de sua cultura, que carregam em si o fermento de uma revolução do estilo de vida, tem sido alta. Encontrarão, sem dúvida, muita oposição. Terão de lutar contra a opressão, as perseguições e a marginalização. Sofrerão o desdenho, o escárnio, a raiva, porque nunca serão bons conformistas e uma constante ameaça a pessoas raivosas e amedrontadas. Serão desajustadas em muitos aspectos. Sua infância será um tempo de provação e de sofrimento. Mas elas dispõem de um importante elemento que nutrirá sua força, que é a sintonia com o futuro, pois podem conviver com as fantásticas mudanças que estão em perspectiva.

Os ventos da mudança científica, social e cultural estão soprando fortemente. As enormes perturbações da sociedade moderna forçarão uma transformação para uma ordem nova e mais coerente. E nessa ordem parece crescer uma nova visão de mundo, a relação de um renovado amor pela natureza, por todas as pessoas, uma compreensão da unidade espiritual do universo.[2]

---

2 ROGERS, Carl. *Em busca de vida: da terapia centrada no cliente à abordagem centrada na pessoa*. São Paulo: Summus, 1981. Texto resumido e adaptado pelo autor deste livro.

O sétimo ser – O homem integral

O Homem Integral: O Ser da Ética do Pós-Humano

- Domínio da inteligência e da consciência integral
- A ciência como meio e não como fim.
- A plenitude vivencial.
- Religiosidade natural interior e mística.
- Sétima fase: Confiança total na transformação pessoal; disposição espontânea de diálogo e de comunicação; autoaceitação.
- Reminiscência: "Qual é o ponto essencial da mudança?"

O Homem Integral é o Sétimo Ser, a síntese dos seis protótipos anteriores. Nele, certamente, atingiremos a plenitude da Consciência, por meio da integração irreversível das três vivências da mente: pensamento, ação e sentimento. Tal experiência não se limita, naturalmente, ao planeta Terra, mas se estende às inúmeras possibilidades de existências em outros orbes dos Cosmos. Nisso se concentra a lógica da diversidade de mundos – as muitas moradas da Casa do Pai – e a pluralidade das existências. Os cinco sentidos físicos, como outras faculdades que abandonamos no passado, serão gradualmente substituídos por outras percepções mais sutis, iniciadas pelo sexto sentido, que é a percepção extrassensorial. O domínio gradual dessas novas faculdades, típicas de mundos superiores e angélicos, culmina naquilo que poderíamos denominar, grosso modo, "Sétimo Sentido" ou "Superconsciente". É quando se dá a conclusão da verticalização da Consciência, dentro dos limites humanos, de 90 graus. São os últimos degraus da Escada de Jacó, porém são apenas os primeiros passos do ingresso no Reino de Deus, cujas dimensões e estado de coisas fogem à nossa compreensão atual. Raríssimas experiências foram descritas e, quando relatadas, seus protagonistas não têm alternativa, senão apelar para a linguagem dos símbolos e parábolas. São os mestres do Espírito e da Consciência que, em diversos graus de evolução, nessa mesma etapa, voltam aos mundos baixos para realizar uma dupla função: adorar a Deus e se autorreconhecerem no mundo interior dos semelhantes e, ao mesmo tempo, auxiliá-los na complexa e dolorosa descoberta de si mesmos. Annie Besant escreveu, em 1912, um ensaio sobre esses "Irmãos mais Velhos da Humanidade" (Os Mestres) e a eles assim se refere:

> Há uma etapa, na evolução humana, imediatamente anterior à meta do esforço humano, que, uma vez atravessada, o homem, enquanto homem, não tem mais nada a realizar. Ele torna-se perfeito; sua carreira humana terminou. As grandes religiões dão nomes diferentes a esse Homem Perfeito, mas, qualquer que seja o nome, o conceito é o mesmo. Ele é Mitra, Osíris, Krishna, Buda ou Cristo, mas sempre simboliza o Homem que se tornou perfeito. Ele não pertence a uma única religião, nação ou família humana; não está limitado por um único credo; em todo lugar ele é o mais nobre, o mais perfeito ideal. Todas as religiões o proclamam; todos os credos têm nele sua justificação; ele é o ideal pelo qual se esforçam todas as crenças, e cada religião cumpre sua missão com maior ou menor eficiência, conforme a claridade com que ilumina e a precisão com que ensina o caminho pelo qual ele pode ser alcançado. O nome do Cristo, atribuído ao Homem Perfeito pelos cristãos, designa mais um estado do que o nome de um homem. "Cristo em você, a esperança da glória", é o pensamento do mestre cristão. Os homens, no longo percurso da evolução, atingem o estado de Cristo, pois todos concluem com o tempo a peregrinação secular, e aquele que especialmente no Ocidente está conectado a esse nome é um dos "Filhos de Deus", que atingiram o objetivo final da humanidade. A palavra sempre trouxe consigo a conotação de um estado: "o sagrado". Todos devem atingir esse estado: "Olhai dentro de ti; tu és Buda. Até que o Cristo surja em ti".

Os Protótipos Humanos

156

Assim como aquele que deseja tornar-se músico deveria ouvir as obras-primas dessa arte e mergulhar nas melodias dos grandes mestres da música, deveríamos nós, filhos da humanidade, erguer nossos olhos e nossos corações, em contemplação constantemente renovada, para as montanhas onde habitam os Homens Perfeitos de nossa raça. O que nós somos, eles já foram; o que eles são, nós seremos. Todos os filhos dos homens podem fazer o que um Filho do Homem já fez, e vemos neles a garantia do nosso próprio triunfo; o desenvolvimento de semelhante divindade em nós é apenas uma questão de evolução.

A experiência do Mahatma Gandhi foi típica daqueles seres que estão em transição para a condição sobre-humana. Ao mergulharem na carne, realizam as etapas de existência que escolheram como meio e logo tomam o rumo da finalidade para a qual vieram. Nesse ponto, direcionam seus olhares para todos os lados possíveis, em busca das referências que lhes vão reativar a memória espiritual, bem como os modelos de conduta que possam solucionar suas equações iniciais sobre o jogo da vida e da morte. Gandhi foi iniciado nas escolas espiritualistas de sua cultura milenar, farta de mestres e avatares, mas só foi despertar para o seu fim principal quando leu o Sermão da Montanha e, consequentemente, mais 80 livros sobre o Cristianismo. Gandhi queria entender por que os ingleses, sendo cristãos, não colocavam em prática o estatuto moral dessa civilização. Decidiu, então, provar para si mesmo e, consequentemente, para os britânicos, como um código moral pode ser exemplificado até as últimas consequências. As divergências entre os ingleses e o Cristianismo eram antigas, um sentimento de orgulho e rejeição remanescente dos tempos em que essa coletividade, agora encarnada na cultura anglo-saxônica, animava a todo-poderosa civilização romana. A arrogância imperialista e a ideia da escravidão ainda estavam muito presentes no psiquismo dos aristocratas ingleses, mesmo sob o disfarce da modernidade industrial. O contato com as bem-aventuranças repercutiu como um raio devastador na alma do jovem advogado indiano, ainda adormecida pelas leis do mundo físico, e tal foi o efeito que ele saiu pelo mundo em busca de si mesmo, atraído pelos milhões de espelhos humanos que desfilavam diante de seus olhos, como

Os Protótipos Humanos   157

O SÉTIMO SER

Conclusão da verticalização do corpo
predomínio dos chacras altos

Libertação das existências múltiplas
Acesso aos mundos de vida integral

7ª RAÇA
Fluídica

VIVÊNCIA PLENA
7º sentido - O Reino de Deus
7ª Inteligência - Plena

6ª RAÇA
Dourada

VIVÊNCIAS INTUITIVAS
6º sentido - Superconsciente
6ª Inteligência - Interpessoal

5ª RAÇA
Ariana

VIVÊNCIAS PARCIAIS:
Pensamento, ação e sentimento
Consciente versus inconsciente

4ª RAÇA
Atlante

SENTIDOS EXTERIORES:
Tato, olfato, paladar, audição
e visão

3ª RAÇA
Lemuriana

INTELIGÊNCIAS BÁSICAS:
Corporal, espacial, matemática
linguística e musical

2ª RAÇA
Semiastral

VIVÊNCIAS INSTINTIVAS
Corpos horizontais

1ª RAÇA
Astral

VIVÊNCIAS ELEMENTARES
(Terra, ar, água, fogo)

REINOS:
Animal, Vegetal
Mineral

Início da verticalização do corpo
Predomínio dos chacras baixos

reflexos incômodos dos sofrimentos causados pela miséria e injustiça social. Nesses instantes, Gandhi se esquecia de si e dizia para si mesmo coisas que no conceito comum eram consideradas estúpidas: "Tenho de abrir mão daquilo que não é essencial, coisas perfeitamente dispensáveis e que a grande maioria das pessoas pobres não pode ter acesso". Ou, então, ao ser agredido por um soldado durante uma manifestação: "Ele atingiu o meu corpo e não o meu espírito". É por isso que Will Durant viu nele o retrato de um "santo", uma imagem distanciada da realidade e que só poderia ser compreendida pelos rituais exteriores da sacralização, típicos dos mitos santificados. "O Sermão da Montanha foi incontinenti ao meu coração na primeira leitura", disse Gandhi, descobrindo que ali estava o caminho que tanto procurava desde a mais tenra juventude; a chave da busca pela compreensão de seu universo metafísico e do vácuo que trazia na alma solitária e deslocada do mundo exterior. Ainda jovem, Gandhi não compreendia por que os ingleses não praticavam os ensinamentos do Cristo. Decidiu, então, ler, entender e aplicar a si próprio as ideias do Evangelho como uma arma ideológica contra a violência e a injustiça. Era uma nova e moderna batalha entre Cristo e Roma, em pleno século XX.

Os Protótipos Humanos   159

Espíritos nas Escolas
DALMO DUQUE DOS SANTOS

O espírito imortal não nasce, não cresce, não morre e não renasce; matricula-se temporariamente na escola da Terra, onde o currículo proposto para estimular sua evolução consciencial é composto de umas seqüências de problemas.

Os entraves da vida humana e suas equações esclarecedoras, é, portanto, o foco desta obra de Ramatís. E mais, no âmbito familiar ele aborda: o processo de reencarnação, a infância, a educação dos filhos sob a perspectiva espiritual, a adoção e o binômio afeto-disciplina. Compõem os "cursos básicos" e as "especializações" da escola terrestre temas como: problemas da saúde, da alimentação, do trabalho, da religião, dos governos, e até mesmo os problemas adquiridos quando se pretende fugir dos problemas: o alcoolismo, o tabagismo etc.

Em seu estilo de peculiar clareza e profundidade, que nada deixa por examinar e nada teme analisar, Ramatís esboça a geometria transcendental que soluciona, pelos instrumentos da ótica espiritual, a arquitetura do edifício secular da vida humana.

OS PROTÓTIPOS HUMANOS
foi confeccionado em impressão digital, em novembro de 2013
Conhecimento Editorial Ltda
(19) 3451-5440 — conhecimento@edconhecimento.com.br
Impresso em Super Snowbright 70g. - Hellefoss AG